たのしい

타노시이 일본어

下

타노시이 일본어 下

지은이 일본어콘텐츠개발팀
펴낸이 임상진
펴낸곳 (주)넥서스

초판 1쇄 발행 2010년 8월 15일
초판 2쇄 발행 2010년 8월 20일

2판 1쇄 발행 2018년 9월 10일
2판 4쇄 발행 2023년 10월 5일

출판신고 1992년 4월 3일 제311-2002-2호
주소 10880 경기도 파주시 지목로 5
전화 (02) 330-5500 팩스 (02) 330-5555

ISBN 979-11-89432-16-4 13730

가격은 뒤표지에 있습니다.
잘못 만들어진 책은 구입처에서 바꾸어 드립니다.

이 도서의 국립중앙도서관 출판예정도서목록(CIP)은
서지정보유통지원시스템 홈페이지(http://seoji.nl.go.kr)와
국가자료공동목록시스템(http://www.nl.go.kr/kolisnet)에서 이용하실 수 있습니다.
(CIP제어번호 : CIP2018026373)

www.nexusbook.com

왕초보를 위한 즐거운 일본어 공부

たのしい 일본어

타 노 시 이

일본어콘텐츠개발팀 지음 · 문광자 감수

下

넥서스 JAPANESE

추천의 글

여러분이 일본어 공부를 시작하게 된 계기는 무엇입니까?

요새는 학업이나 일과 관계없이 일본 애니메이션, 드라마, 음악 등 자신의 관심 분야 때문에 일본어를 공부하는 사람이 많은 것 같습니다. 일본 만화나 소설 등의 한국어 번역본으로는 뭔가 부족한 느낌이 들어 일본어로 된 원서를 읽고 싶어 한다거나, 일본 드라마를 좋아해서 자막 없이 드라마를 보고 싶어 하는 사람도 있습니다. 이렇게 자신이 좋아하는 것으로 공부를 하면, 처음에는 조금 어려울지라도 공부하면 할수록 점점 재미를 느끼게 될 것입니다.

예를 들어, 일본 드라마로 일본어를 공부할 경우 처음에는 말이 귀에 잘 안 들어오더라도 그냥 포기하지 말고 한번 들어 보십시오. 듣다 보면 아는 단어가 한두 개씩 들리기 시작할 것이고 그러다 귀가 열리고 말문이 트이게 되는 것입니다. 일본어 자막으로 보는 경우에도, 히라가나뿐만 아니라 가타카나나 한자를 모르면 내용을 파악하기가 어려울지도 모릅니다. 하지만 이것은 자연스러운 일본어를 익히기 위해 매우 중요한 과정입니다.

『타노시이 일본어』에서는 이런 점들을 고려하여, 학습자 여러분이 흥미를 가지고 공부할 수 있도록 하고 자연스러운 일본어를 구사할 수 있도록 하는 데 초점을 두었습니다. Dialogue를 통해 자연스러운 회화를 익힐 수 있으며, Listening Training을 통해 초급 단계에서 간과하기 쉬운 듣기 연습도 같이 할 수 있습니다. 또한 Pattern Practice의 연습 문제들을 통해 Dialogue에서 배운 문법을 확실하게 익힐 수 있으며, Reading Quiz에서는 앞에서 배운 내용을 다시 한번 확인, 정리해 볼 수 있을 것입니다. Reading Quiz의 일기를 참고로 하여 여러분도 일기를 써 보면 어떨까요? 매일 한 줄, 두 줄이라도 괜찮습니다. 외국어를 공부할 때 가장 중요한 것은 꾸준히 하는 것이니까요.

매일 조금씩이라도 일본어를 공부하십시오. 실력이 늘지 않는 것 같아 보여도 하루하루 조금씩 내공이 쌓이고 있을 것입니다. 도중에 힘들어서 포기하고 싶은 유혹에 빠지더라도 초심으로 돌아가 열심히 합시다. 일본어는 공부하면 할수록 어렵다고들 하지만, 공부하면 할수록 그만큼 재미도 커질 것입니다.

감수자 문광자

머리말

일본어, 좀 쉽고 편하게 배울 수 없을까요?

이는 모든 외국어 학습자들이 공통적으로 갖고 있는 생각일 것입니다. 하지만 세상에 쉬운 것은 없습니다. 쉽고 편하게 배운 것은 쉽게 잊어버리기도 합니다. 특히 외국어 학습은 꾸준히 해야 합니다.

그럼, 일본어를 어떻게 공부해야 잘할 수 있을까요?

정답은 동기 부여와 흥미 유발에 있습니다. 먼저 자신이 왜 일본어를 공부하는지, 일본어를 잘하게 되면 무엇을 하고 싶은지 스스로에게 물어보십시오. 그리고 목표를 세웠으면 그 속에서 자신만의 재미를 찾아야 합니다. 일본어를 공부해서 일본 드라마를 자막 없이 보고 싶다, 일본 여행을 가고 싶다, 일본어능력시험에 도전해 보고 싶다 등 일본어를 공부하는 목적은 각각 다를 것입니다. 하지만 어떤 목적으로 일본어를 공부하든지 자신의 목표를 가슴에 새기면서 공부한다면 일본어 공부가 점점 재미있어질 것입니다.

일본어는 우리말과 어순이 같아 다른 외국어보다 쉽게 배울 수 있습니다. 하지만, 다음 세 단계에서 일본어 공부를 포기하는 학습자들을 많이 볼 수 있습니다.

1. 도무지 외워지지 않는 히라가나와 가타카나
2. 읽는 법과 뜻이 여러 가지인 일본어 한자
3. 그룹별로 형태가 다른 일본어 동사 활용

이러한 벽에 부딪혔을 때, 다시 한번 자신의 목표를 떠올리며 마음을 굳게 다잡읍시다. 이 고비만 넘긴다면 나머지 기본 문법 과정은 무난하게 마스터할 수 있습니다.

매일 단 10분이라도 꾸준하게 공부해 보세요. 진정한 노력은 절대 여러분을 배신하지 않을 것입니다. 이 책이 일본어 공부를 시작하는 여러분의 열정을 더욱 세차게 타오르게 하는 촉매제가 되기를 바랍니다.

구성 및 특징

Dialogue

한 Unit에 두 개의 짧은 Dialogue가 들어 있습니다. 일본 드라마나 애니메이션에서 본 것 같은 캐릭터들이 등장하여 코믹한 대화를 이어갑니다.

Grammar in Dialogue

각 Dialogue에 쓰인 문법을 바로 옆 페이지에서 확인할 수 있도록 정리하였습니다. 한 Unit에서 배우는 문법량을 최소화하여 부담없이 학습할 수 있도록 하였습니다.

UNIT 01 出張で来たんですか。

Dialogue 1

カオル&修二 お久しぶり！

ノ・ダミ カオルちゃん、お久しぶり！ あっ、修二君も。

カオル いつ来たの？

ノ・ダミ ゆうべ着いたの。

修二 出張で来たんですか。

ノ・ダミ いえ、夏休みをとったんです。

Grammar in Dialogue

2 ～んです

どうしたんですか。

彼のことが好きなんです。

彼は今出張中なんです。

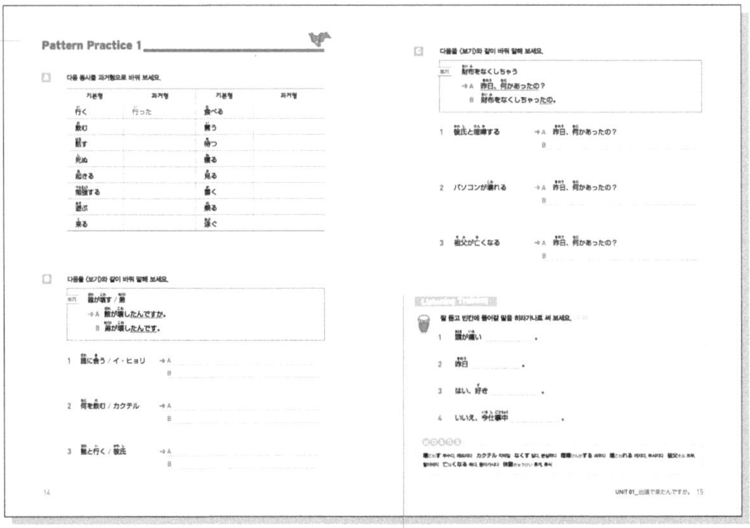

Pattern Practice 1

Pattern Practice

각 Dialogue에 나온 핵심 패턴을 활용하여 연습해 보는 코너입니다. 일상생활에서 자주 접할 수 있는 실용적인 회화체 예문으로 되어 있어, 자연스럽게 회화 실력을 키울 수 있습니다.

Listening Training

Dialogue와 Grammar in Dialogue, Pattern Practice에서 배운 내용을 듣기 문제를 통해 다시 한번 확인해 봅시다.

Writing Note

일본어 학습자들이 가장 어려워하는 것 중에 하나가 바로 한자입니다. 앞에서 배운 한자 중에서도 가장 중요한 한자만을 골랐습니다. 한자를 필순에 따라 쓰면서 외워 봅시다.

Speaking Tool Box

회화에 필요한 보충 어휘를 익히거나 롤플레잉 할 수 있는 코너입니다. 회화 실력을 키우고 앞에서 배운 내용을 확실하게 내 것으로 만들 수 있습니다.

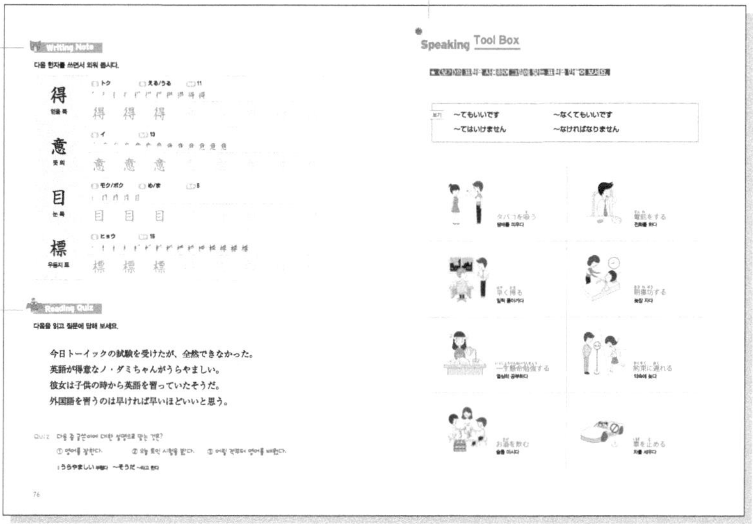
Writing Note

다음 한자를 쓰면서 외워 봅시다.

得 意 目 標

Reading Quiz

다음을 읽고 질문에 답해 보세요.

今日トーイックの試験を受けたが、全然できなかった。
英語が得意なノ・ダミちゃんがうらやましい。
彼女は子供の時から英語を習っていたそうだ。
外国語を習うのは早ければ早いほどいいと思う。

Speaking Tool Box

～てもいいです　～なくてもいいです
～てはいけません　～なければなりません

Reading Quiz

앞의 Dialogue와 관련된 내용의 일기입니다. 누구의 일기인지 생각하면서 읽어 보세요. Dialogue를 확실하게 익혔다면 이 부분은 어렵지 않을 것입니다. 그리고 내용을 제대로 이해하였는지 간단한 퀴즈를 통해 확인해 보세요.

WORKBOOK으로 복습하기

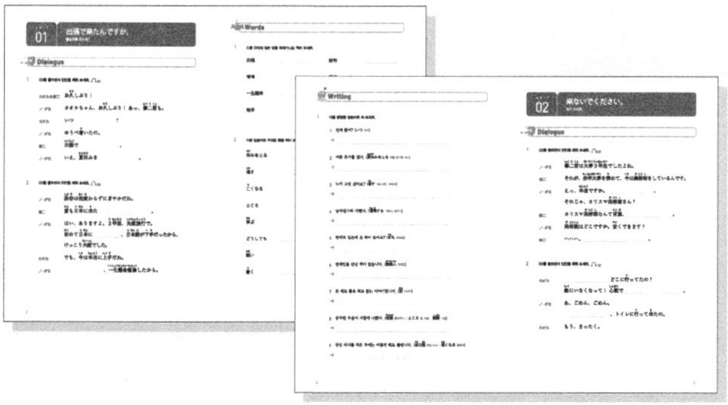

워크북을 활용하여 복습해 보세요. 각 과의 주요 어휘가 정리되어 있고, Dialogue를 듣고 써 보는 딕테이션 훈련을 할 수 있습니다. 본책에 나온 주요 문장들을 써 보면서 실력을 확인해 보세요.

워크북(PDF) 무료 다운
www.nexusbook.com

목차

たのしい

타노시이 일본어 下

UNIT

01 出張で来たんですか。

출장으로 왔어요?

학 / 습 / 포 / 인 / 트 ① 동사의 た형 ② ~んです ③ ~たことがある ④ ~た+명사 ⑤ ~た後(で)

Dialogue 1

CD 01

カオル&修二　お久(ひさ)しぶり！

ノ・ダミ　カオルちゃん、お久(ひさ)しぶり！ あっ、修二君(しゅうじくん)も。

カオル　いつ来(き)たの？

ノ・ダミ　ゆうべ着(つ)いたの。

修二　出張(しゅっちょう)で来(き)たんですか。

ノ・ダミ　いえ、夏休(なつやす)みをとったんです。

1 동사의 た형 ~했다(과거)

1그룹 동사 (5단 동사)	-う·-つ·-る → -った	会(あ)う	→	会(あ)った 만났다
		待(ま)つ	→	待(ま)った 기다렸다
		乗(の)る	→	乗(の)った 탔다
	-ぬ·-ぶ·-む → -んだ	死(し)ぬ	→	死(し)んだ 죽었다
		呼(よ)ぶ	→	呼(よ)んだ 불렀다
		飲(の)む	→	飲(の)んだ 마셨다
	-く(ぐ) → -いた(いだ)	書(か)く	→	書(か)いた 썼다
		脱(ぬ)ぐ	→	脱(ぬ)いだ 벗었다
		行(い)く	→	行(い)った 갔다 **예외**
	-す → -した	話(はな)す	→	話(はな)した 이야기했다
2그룹 동사 (1단 동사)	る 떼고 + た	見(み)る	→	見(み)た 봤다
		食(た)べる	→	食(た)べた 먹었다
3그룹 동사 (불규칙 동사)		来(く)る	→	来(き)た 왔다
		する	→	した 했다

2 ~んです ~한 거예요, ~했어요(=のです)

★ ~んです는 회화체 표현으로, 반말로 할 경우엔 ~の가 된다.

どうしたんですか。

彼(かれ)のことが好(す)きなんです。

彼(かれ)は今(いま)、出張中(しゅっちょうちゅう)なんです。

WORDS

お久ひさ**しぶり** 오랜만이야 **夏休**なつやす**みをとる** 여름 휴가를 내다 **~中**ちゅう ~중

Pattern Practice 1

A 다음 동사를 과거형으로 바꿔 보세요.

기본형	과거형	기본형	과거형
行(い)く	行(い)った	食(た)べる	
飲(の)む		言(い)う	
話(はな)す		待(ま)つ	
死(し)ぬ		寝(ね)る	
起(お)きる		見(み)る	
勉強(べんきょう)する		書(か)く	
遊(あそ)ぶ		乗(の)る	
来(く)る		泳(およ)ぐ	

B 다음을 〈보기〉와 같이 바꿔 말해 보세요.

보기 誰(だれ)が壊(こわ)す / 弟(おとうと)

⇒ A 誰(だれ)が壊(こわ)したんですか。

B 弟(おとうと)が壊(こわ)したんです。

1 誰(だれ)に会(あ)う / イ・ヒョリ ⇒ A ______
B ______

2 何(なに)を飲(の)む / カクテル ⇒ A ______
B ______

3 誰(だれ)と行(い)く / 彼氏(かれし) ⇒ A ______
B ______

C 다음을 〈보기〉와 같이 바꿔 말해 보세요.

보기 財布(さいふ)をなくしちゃう
⇒ A 昨日(きのう)、何(なに)かあったの？
B 財布(さいふ)をなくしちゃったの。

1 彼氏(かれし)と喧嘩(けんか)する ⇒ A 昨日(きのう)、何(なに)かあったの？
B ______________________

2 パソコンが壊(こわ)れる ⇒ A 昨日(きのう)、何(なに)かあったの？
B ______________________

3 祖父(そふ)が亡(な)くなる ⇒ A 昨日(きのう)、何(なに)かあったの？
B ______________________

Listening Training

잘 듣고 빈칸에 들어갈 말을 히라가나로 써 보세요. CD 03

1 頭(あたま)が痛(いた)い ____________ 。

2 昨日(きのう) ____________ 。

3 はい、好(す)き ____________ 。

4 いいえ、今(いま)、仕事中(しごとちゅう) ____________ 。

WORDS

壊こわ**す** 부수다, 깨뜨리다 | **カクテル** 칵테일 | **なくす** 잃다, 분실하다 | **喧嘩**けんか**する** 싸우다 | **壊**こわ**れる** 깨지다, 부서지다 | **祖父**そふ 조부, 할아버지 | **亡**な**くなる** 죽다, 돌아가시다 | **休憩**きゅうけい 휴게, 휴식

Dialogue 2

CD 04

ノ・ダミ　渋谷は相変わらずにぎやかだね。

修二　前も日本に来たことがあるんですか。

ノ・ダミ　はい、ありますよ。２年前、失恋旅行で。
初めて日本に来た時は、
日本語が下手だったから、けっこう大変でした。

カオル　でも、今は本当に上手だね。

ノ・ダミ　失恋した後、一生懸命勉強したから。

1 ~たことがある ~한 적이 있다

芸能人に会ったことがあります。

動画をダウンロードしたことがあります。

海外旅行に行ったことがありますか。

★ '~한 적이 없다'는 ~たことがない라고 한다.

ポシンタンは食べたことがありません。

見たことも聞いたこともない話です。

2 ~た+명사 ~한 (명사)

学校で学んだ日本語が役立ちました。

昨日見た映画は面白かったですか。

勉強したところが試験に出た。

3 ~た後(で) ~한 후에, ~한 다음

アルバイトが終わった後で、映画を見に行きましょう。

昼ご飯を食べた後はどうしても眠くなります。

失恋した後、早く相手を忘れる方法を教えてください。

WORDS

相変あいか**わらず** 여전히 | **失恋**しつれん 실연 | **初**はじ**めて** 처음으로 | **動画**どうが 동영상 | **ダウンロード** 다운로드 | **学**まな**ぶ** 공부하다, 가르침을 받다 | **役立**やくだ**つ** 도움이 되다 | **ところ** 부분 | **どうしても** 아무래도 | **眠**ねむ**い** 졸리다 | **相手**あいて 상대 | **教**お**しえる** 가르치다

Pattern Practice 2

A 다음을 〈보기〉와 같이 바꿔 말해 보세요.

보기 日本(にほん)に来(く)る

⇒ A 前(まえ)も日本(にほん)に来(き)たことがあるんですか。

B はい、ありますよ。/ いいえ、ありませんよ。

1 バンジージャンプをする

⇒ A

B

2 芸能人(げいのうじん)に会(あ)う

⇒ A

B

3 バイオリンを習(なら)う

⇒ A

B

4 飛行機(ひこうき)に乗(の)る

⇒ A

B

5 授業(じゅぎょう)をサボる

⇒ A

B

B 다음을 〈보기〉와 같이 바꿔 보세요.

보기 漫画(まんが)を見(み)る
⇒ 私(わたし)、漫画(まんが)を見(み)たことが一度(いちど)もないんです。

1 着物(きもの)を着(き)る
⇒ ____________________

2 マッコリを飲(の)む
⇒ ____________________

3 男(おとこ)の人(ひと)と付(つ)き合(あ)う
⇒ ____________________

C 다음을 〈보기〉와 같이 바꿔 보세요.

보기 見(み)る
⇒ 昨日(きのう)見(み)た映画(えいが)は面白(おもしろ)かった。

1 送(おく)る ⇒ 私(わたし)が ________ メール、見(み)ましたか。

2 撮(と)る ⇒ これは京都(きょうと)で ________ 写真(しゃしん)です。

3 食(た)べる ⇒ お昼(ひる)に ________ ラーメンはおいしくなかった。

WORDS

バンジージャンプ 번지점프 | **バイオリン** 바이올린 | **習**ならう 배우다, 익히다 | **サボる** 게을리하다, (수업 등을) 빼먹다 | **マッコリ** 막걸리 | **付**つ**き合**あ**う** 사귀다 | **送**お**くる** 보내다, 부치다 | **写真**しゃしん**を撮**と**る** 사진을 찍다

Pattern Practice 2

D 다음을 〈보기〉와 같이 바꿔 보세요.

보기 晩(ばん)ご飯(はん)を食(た)べる / お風呂(ふろ)に入(はい)る
⇒ 晩(ばん)ご飯(はん)を食(た)べた後(あと)、お風呂(ふろ)に入(はい)った。

1 仕事(しごと)が終(お)わる / デートをする

⇒ ______________________________

2 お酒(さけ)を飲(の)む / カラオケに行(い)く

⇒ ______________________________

3 インターネットで調(しら)べる / ジーパンを買(か)う

⇒ ______________________________

Listening Training

잘 듣고 다음 설명이 맞으면 ○, 틀리면 × 표시를 하세요. CD 06

1 ______ 해외여행을 간 적이 있습니다.

2 ______ 그는 잘 아는 사람입니다.

3 ______ 어제 만난 사람은 매우 재미있었습니다.

4 ______ 저녁을 먹은 후에 영화를 보러 갔습니다.

WORDS

晩ばん**ご飯**はん 저녁식사 **お風呂**ふろ**に入**はい**る** 목욕하다 **インターネット** 인터넷 **調**しら**べる** 조사하다 **ジーパン** 청바지 **買**か**う** 사다

Writing Note

다음 한자를 쓰면서 외워 봅시다.

한자	음/훈/획수
勉 힘쓸 면	음 ベン　획수 10
強 굳셀 강	음 キョウ/ゴウ　훈 つよい/つよまる/つよめる/しいる　획수 11
試 시험 시	음 シ　훈 こころみる/ためす　획수 13
験 시험 험	음 ケン/ゲン　획수 18

Reading Quiz

다음을 읽고 질문에 답해 보세요.

夏休みをとって東京に行った。２年前にも東京に行ったことがある。
新宿でカオルちゃんと修二君に会った。カオルちゃんは大学時代
韓国に交換学生として来て、仲良くなった友達だ。
修二君はカオルちゃんの弟さんで、２年前一度会ったことがある。

Quiz 슈지는 글쓴이와 어떤 관계인가?

① 대학 때 친구이다.　② 친구의 동생이다.　③ 예전 남자친구이다.

‡ 交換学生こうかんがくせい 교환 학생　～として ～으로서　仲良なかよい 사이가 좋다

Speaking Tool Box

★ 일본 여행에서 벌어진 일들입니다. 각 상황에서 어떻게 말했을지 빈칸에 알맞은 말을 넣어 보세요.

1 오랜만에 만난 친구와 인사하며

A お久(ひさ)しぶり！

B あ、(오랜만이야)____________！

2 일본 여행 경험에 대해 물어봤을 때

A 前(まえ)にも日本(にほん)に来(き)たことがあるんですか。

B はい、(있어요)____________。

3 휴대전화 번호를 주고받으며

A ケータイは何番(なんばん)ですか。

B (010-2456-7391이에요)

____________。

4 일본에서 하고 싶은 일에 대해 물어볼 때

A 日本(にほん)で一番(いちばん)したいことは何(なん)ですか。

B (맛있는 라면을 먹고 싶어요)

____________。

5 음식을 주문할 때

A 何(なに)にしますか。

B (된장라면(みそラーメン)으로 할게요)

____________。

6 화장실 위치를 물어보며

A (화장실이 어디예요?)____________。

B 出口(でぐち)の右側(みぎがわ)にあります。

7 음식 값을 계산하며

A (얼마예요?) ______________________。

B 2,500円(にせんごひゃくえん)です。

8 노래방에 갈 것을 권유하며

A (노래방에 가지 않을래요?) ______________________。

B あ、いいですよ。

9 피곤한지 물어보자

A 疲(つか)れましたか。

B いいえ、

(전혀 피곤하지 않아요) ______________________。

10 담배를 피워도 되는지 물어볼 때

A (담배를 피워도 돼요?)

______________________。

B いいえ、ここでタバコを吸(す)ってはいけません。

11 상대방의 말이 빨라 알아들을 수 없을 때

A (좀 더 천천히 말해 주세요)

______________________。

12 지갑이 없어진 걸 알았을 때

A どうしたんですか。

B (지갑을 잃어버렸어요)

______________________。

UNIT

02 来ないでください。

오지 마세요.

학 / 습 / 포 / 인 / 트　① 동사의 ない형　② ~ないでください　③ ~ないで　④ ~なくて　⑤ ~てたまらない

Dialogue 1

CD 07

ノ・ダミ　修二君(しゅうじくん)は大学(だいがく)３年生(さんねんせい)でしたよね。

修二　それが、去年(きょねん)大学(だいがく)を辞(や)めて、今(いま)は美容師(びようし)をしているんです。

ノ・ダミ　えっ、本当(ほんとう)ですか。知(し)らなかった。

それじゃ、カリスマ美容師(びようし)さん？

修二　カリスマ美容師(びようし)なんて言葉(ことば)、よく知(し)ってますね。

ノ・ダミ　美容院(びよういん)はどこですか。安(やす)くできます？

修二　ハハハ。来(こ)ないでください。

1 동사의 ない형

1그룹 동사 (5단 동사)	어미 う단 → あ단 + ない	行(い)く	→	行(い)かない	가지 않다
		脱(ぬ)ぐ	→	脱(ぬ)がない	벗지 않다
		話(はな)す	→	話(はな)さない	이야기하지 않다
		待(ま)つ	→	待(ま)たない	기다리지 않다
		死(し)ぬ	→	死(し)なない	죽지 않다
		呼(よ)ぶ	→	呼(よ)ばない	부르지 않다
		飲(の)む	→	飲(の)まない	마시지 않다
		乗(の)る	→	乗(の)らない	타지 않다
		会(あ)う	→	会(あ)わない	만나지 않다 예외
2그룹 동사 (1단 동사)	어간 + ない	見(み)る	→	見(み)ない	보지 않다
		食(た)べる	→	食(た)べない	먹지 않다
3그룹 동사 (불규칙 동사)		来(く)る	→	来(こ)ない	오지 않다
		する	→	しない	하지 않다

2 ～ないでください ～하지 말아 주세요, ～하지 마세요

嘘(うそ)をつかないでください。

タバコを吸(す)わないでください。

朝寝坊(あさねぼう)しないでください。

大丈夫(だいじょうぶ)だから心配(しんぱい)しないでください。

WORDS

～年生ねんせい ～학년 | **辞**や**める** 그만두다 | **美容師**びようし 미용사 | **カリスマ** 카리스마 | **～なんて** ～라는, ～라느니 | **言葉**ことば 말 | **美容院**びよういん 미용실 | **嘘**うそ**をつく** 거짓말을 하다 | **朝寝坊**あさねぼう**する** 늦잠 자다 | **心配**しんぱい**する** 걱정하다

Pattern Practice 1

A 다음 동사를 ～ない, ～なかった의 형태로 바꿔 보세요.

기본형	～ない	～なかった
行(い)く	行(い)かない	行(い)かなかった
食(た)べる		
吸(す)う		
心配(しんぱい)する		
立(た)つ		
忘(わす)れる		
脱(ぬ)ぐ		
入(はい)る		
遊(あそ)ぶ		
壊(こわ)す		
飲(の)む		

B 다음 동사를 〈보기〉와 같이 바꿔 보세요.

보기 つく
⇒ 彼(かれ)は嘘(うそ)を<u>つかない</u>。

1 いる ⇒ 今(いま)、家(いえ)には誰(だれ)も ______________ 。

2 知(し)る ⇒ あの子(こ)は何(なに)も ______________ 。

3 聴(き)く ⇒ 彼女(かのじょ)は、クラシック音楽(おんがく)は ______________ 。

C　다음을 〈보기〉와 같이 바꿔 보세요.

보기　嘘(うそ)をついてはいけません。
⇒ 嘘(うそ)を<u>つかないでください</u>。

1　教室(きょうしつ)で騒(さわ)いではいけません。
⇒ ______________________________

2　窓(まど)を開(あ)けてはいけません。
⇒ ______________________________

3　ここでタバコを吸(す)ってはいけません。
⇒ ______________________________

Listening Training

잘 듣고 다음 설명이 맞으면 ○, 틀리면 × 표시를 하세요. CD 09

1　______　タバコを吸(す)ってもいいです。

2　______　約束(やくそく)を忘(わす)れてはいけません。

3　______　嘘(うそ)をついてはいけません。

4　______　お酒(さけ)をたくさん飲(の)んでもいいです。

WORDS

クラシック音楽おんがく 클래식 음악　**騒**さわ**ぐ** 떠들다, 소란을 피우다

Dialogue 2

CD 10

カオル	何も言わないでどこに行ってたの？
	急にいなくなって！
	心配でたまらなかったのよ。
ノ・ダミ	あ、ごめん、ごめん。
	がまんできなくて、トイレに行って来たの。
カオル	もう、まったく。

1 ~ないで ~하지 않고서, ~하지 않은 상태로

家(うち)に帰(かえ)らないで何(なに)をしたんですか。

電気(でんき)を消(け)さないで家(いえ)を出(で)た。

朝(あさ)ご飯(はん)を食(た)べないで会社(かいしゃ)に行(い)きました。

手術(しゅじゅつ)をしないで治(なお)る方法(ほうほう)はありませんか。

2 ~なくて ~하지 않아서(이유)

英語(えいご)ができなくて恥(は)ずかしかった。

子供(こども)が言(い)うことを聞(き)かなくて困(こま)っています。

返事(へんじ)が来(こ)なくて心配(しんぱい)しました。

3 ~てたまらない ~해서 참을 수 없다

朝(あさ)からのどが渇(かわ)いてたまらない。

テストの結果(けっか)が気(き)になってたまりません。

頭(あたま)が痛(いた)くてたまらない。

彼(かれ)が浮気(うわき)してないか不安(ふあん)でたまりません。

WORDS

急きゅう**に** 갑자기 | **ごめん** 미안해 | **がまんする** 참다 | **できる** 할 수 있다 | **まったく** 정말로, 완전히 | **手術**しゅじゅつ 수술 | **治**なお**る** (병이) 낫다 | **言**い**うことを聞**き**く** 말을 잘 듣다 | **困**こま**る** 곤란하다 | **返事**へんじ 답장, 대답 | **のど** 목 | **渇**かわ**く** 마르다, 갈증이 나다 | **気**き**になる** 걱정이 되다, 마음에 걸리다 | **浮気**うわき**する** 바람을 피우다 | **不安**ふあん**だ** 불안하다

Pattern Practice 2

A 다음 동사를 〈보기〉와 같이 바꿔 보세요.

> 보기 持(も)つ
> ⇒ 傘(かさ)を<u>持(も)たないで</u>出(で)かけた。

1 消(け)す ⇒ パソコンを ______ 部(へ)屋(や)を出(で)た。

2 食(た)べる ⇒ 晩(ばん)ご飯(はん)を ______ 寝(ね)た。

3 帰(かえ)る ⇒ 家(うち)に ______ 外(そと)で遊(あそ)んでいる。

B 다음 동사를 〈보기〉와 같이 바꿔 보세요.

> 보기 来(く)る
> ⇒ 返事(へんじ)が<u>来(こ)なくて</u>心配(しんぱい)しました。

1 別(わか)れる ⇒ 彼(かれ)と ______ よかった。

2 出(で)る ⇒ 風邪(かぜ)で声(こえ)が ______ 、応援(おうえん)するのが大変(たいへん)でした。

3 勉強(べんきょう)する ⇒ 子供(こども)が ______ 困(こま)っている。

C 다음을 〈보기〉와 같이 바꿔 보세요.

보기

ゲームが面白(おもしろ)い ⇒ ゲームが面白(おもしろ)くてたまらない。

頭(あたま)が痛(いた)かった ⇒ 頭(あたま)が痛(いた)くてたまらなかった。

1 新(あたら)しい靴(くつ)がほしい ⇒ ____________

2 別(わか)れた彼女(かのじょ)に会(あ)いたい ⇒ ____________

3 彼(かれ)のことが気(き)になった ⇒ ____________

4 コンサートに行(い)きたかった ⇒ ____________

Listening Training

다음을 듣고 그림에 대한 설명이 맞으면 ○, 틀리면 × 표시를 하세요. CD 12

보기

①

②

③

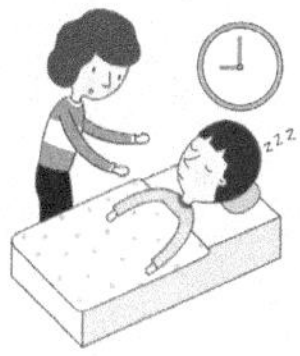

④

1 ______ 2 ______ 3 ______ 4 ______

WORDS

持もつ 가지다, 들다 | **出でかける** 나서다, 나가다 | **別わかれる** 헤어지다, 이별하다 | **応援おうえんする** 응원하다

Writing Note

다음 한자를 쓰면서 외워 봅시다.

美 아름다울 **미**	음 ビ　훈 うつくしい　획수 9 丶 丷 䒑 𦍌 𦍌 羊 𦍌 美 美 美 美 美
容 얼굴 **용**	음 ヨウ　획수 10 丶 丶 宀 宀 宂 穴 穵 容 容 容 容 容 容
結 맺을 **결**	음 ケツ　훈 むすぶ/ゆう/ゆわえる　획수 12 𠃋 幺 幺 糸 糸 糸 糹 紅 紸 結 結 結 結 結 結
果 실과 **과**	음 カ　훈 はたす/はてる/はて　획수 8 丨 冂 日 日 旦 甲 果 果 果 果 果

Reading Quiz

다음을 읽고 질문에 답해 보세요.

僕は去年大学を辞めて、今美容師をしています。
大学で経済学を勉強したんですが、どうしても向いてない気がして。
それより美容師になりたくてたまらなかったんです。
やっぱり自分が好きな仕事をやるのが幸せだと思います。

Quiz　글쓴이에 대한 설명으로 맞지 않는 것은?

① 현재 미용사이다.　② 현재 휴학 중이다.　③ 대학에서 경제학을 공부했었다.

* 経済学けいざいがく 경제학　向むいてない 맞지 않다　気きがする 느낌이 들다　やっぱり 역시

Speaking Tool Box

★ 그림을 보고 〈보기〉와 같이 부탁해 보세요.

보기

ゆっくり話してください。

嘘をつかないでください。

後で電話する
나중에 전화하다

タバコを吸う
담배를 피우다

急ぐ
서두르다

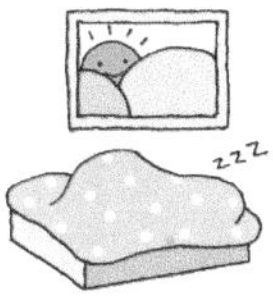

朝寝坊する
늦잠 자다

一生懸命勉強する
열심히 공부하다

道にゴミを捨てる
길에 쓰레기를 버리다

お酒をやめる
술을 끊다

心配する
걱정하다

UNIT

03 会わない方がいいと思うよ。

만나지 않는 게 좋을 것 같아.

학 / 습 / 포 / 인 / 트 ① ～た方がいい/～ない方がいい ② ～(の)うちに/～ないうちに ③ ～と思う ④ ～たり …たりする

Dialogue 1

CD 13

カオル　好(す)きな人(ひと)ができちゃった。

ノ・ダミ　ええっ、本当(ほんとう)？ どんな人(ひと)？ 告白(こくはく)した？

カオル　私(わたし)より５歳年下(さいとしした)。告白(こくはく)はまだだけど。

ノ・ダミ　彼女(かのじょ)ができないうちに告白(こくはく)した方(ほう)がいいよ。

カオル　それがね、彼(かれ)にはもう彼女(かのじょ)がいるの。

ノ・ダミ　う～ん、あきらめた方(ほう)がいいんじゃない？
会(あ)わない方(ほう)がいいと思(おも)うよ。

1

~た方がいい ~하는 게 좋다
~ない方がいい ~하지 않는 게 좋다

ゆっくり休(やす)んだ方(ほう)がいいよ。

早(はや)く病院(びょういん)に行(い)った方(ほう)がいいですよ。

仕事(しごと)を辞(や)めない方(ほう)がいいですよ。

子供(こども)は連(つ)れていかない方(ほう)がいいですね。

2

~(の)うちに ~하는 동안에
~ないうちに ~하기 전에

海外旅行(かいがいりょこう)は若(わか)いうちにしておいた方(ほう)がいいですよ。

早(はや)いうちに治療(ちりょう)を始(はじ)めた方(ほう)がいい。

★ 명사 뒤에 ~うちに가 오는 경우엔 사이에 の를 넣는다.

独身(どくしん)のうちに、いろいろなことをやってみたいです。

知(し)らないうちに時間(じかん)が過(す)ぎてしまった。

会(あ)わないうちにずいぶん変(か)わりましたね。

WORDS

できる 생기다, 할 수 있다 | **告白**こくはく 고백 | **年下**としした 연하 | **あきらめる** 포기하다 | **連つれる** 데리다, 데리고 가다 | **若**わか**い** 젊다 | **治療**ちりょう 치료 | **始**はじ**める** 시작하다 | **独身**どくしん 독신 | **過**す**ぎる** 지나가다, 경과하다 | **ずいぶん** 몹시, 아주 | **変**か**わる** 변하다

Pattern Practice 1

A 다음을 〈보기〉와 같이 바꿔 보세요.

보기 具合(ぐあい)がよくない / 休(やす)む

⇒ 具合(ぐあい)がよくないですから、休(やす)んだ方(ほう)がいいですよ。

1 危(あぶ)ない / 気(き)をつける

⇒ ____________________

2 時間(じかん)がない / 早(はや)く片付(かたづ)ける

⇒ ____________________

3 遅(おそ)い / そろそろ帰(かえ)る

⇒ ____________________

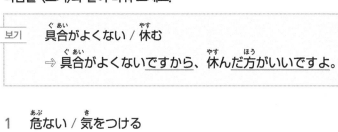

B 다음 동사를 〈보기〉와 같이 바꿔 보세요.

보기 会(あ)う

⇒ もう彼(かれ)と会(あ)わない方(ほう)がいいんじゃない？

1 帰(かえ)る

⇒ 危(あぶ)ないから夜遅(よるおそ)く ____________________ ？

2 履(は)く

⇒ そのハイヒール、 ____________________ ？

C 다음 동사를 〈보기〉와 같이 바꿔 보세요.

보기 知(し)る

⇒ 知(し)らないうちに時間(じかん)が過(す)ぎてしまった。

1 忘(わす)れる

⇒ ________________ メモしてください。

2 暗(くら)くなる

⇒ ________________ 家(いえ)に帰(かえ)りましょう。

3 売(う)り切(き)れる

⇒ ________________ 買(か)っておいた方(ほう)がいいです。

Listening Training

잘 듣고 다음 설명이 맞으면 ○, 틀리면 × 표시를 하세요. CD 15

1 ______ 그 일, 그만두는 편이 좋아요.

2 ______ 몸이 안 좋을 때는 푹 쉬는 것이 좋습니다.

3 ______ 젊을 때 여러 가지를 경험해 두는 것이 좋습니다.

4 ______ 어두워지고 나서 돌아가는 게 좋아요.

WORDS

具合ぐあい 상태 | **気**き**をつける** 주의하다, 조심하다 | **片付**かたづ**ける** 정리하다 | **そろそろ** 슬슬 | **ハイヒール** 하이힐 | **メモする** 메모하다 | **暗**くら**い** 어둡다 | **売**う**り切**き**れる** 다 팔리다, 매진되다 | **経験**けいけん 경험

Dialogue 2

CD 16

修二　どんなスタイルがお望(のぞ)みですか。

ノ・ダミ　イメチェンしたいんだけど、
どんなスタイルがいいと思(おも)います？

修二　そうですね。髪(かみ)の毛(け)が傷(いた)んでるから、
思(おも)い切(き)って短(みじか)くカットしてみるのはどうですか。
似合(にあ)うと思(おも)いますよ。

ノ・ダミ　パーマをかけたり染(そ)めたりするから、
髪(かみ)がパサパサでしょう。

修二　カットしてから軽(かる)くパーマをかけましょうか。

ノ・ダミ　じゃあ、お任(まか)せします。

Grammar in Dialogue

CD 17

1 ~と思う ~라고 생각하다, ~인 것 같다

今日中には終わると思います。

みなさんも聞いたことがあると思います。

犯人は誰だと思いますか。

もう大丈夫だと思います。

2 ~たり …たりする ~하기도 하고 …하기도 하다

週末は漫画を読んだりゲームをしたりしました。

映画を見ながら、泣いたり笑ったりしました。

サイトによって、値段が安かったり高かったりします。

天気によって、気分がよかったり悪かったりします。

時間によって、にぎやかだったり静かだったりします。

先輩は私に親切だったり不親切だったりします。

会員は20代だったり30代だったりします。

WORDS

スタイル 스타일 | **望**のぞ**み** 소망, 희망, 바람 | **イメチェン** 이미지 변신 | **髪**かみ**の毛**け 머리카락 | **傷**いた**む** 상하다 | **思**おも**い切**き**って** 큰맘 먹고, 과감히 | **カットする** (머리를) 자르다 | **パーマをかける** 파마하다 | **染**そ**める** 염색하다, 물들이다 | **パサパサ** 푸석푸석 | **軽**かる**い** 가볍다 | **任**まか**せる** 맡기다 | **お任**まか**せします** 맡길게요 | **今日中**きょうじゅう 오늘 중, 오늘 안에 | **泣**な**く** 울다 | **サイト** 사이트 | **~によって** ~에 따라서 | **会員**かいいん 회원 | **~代**だい ~대

Pattern Practice 2

A 다음을 〈보기〉와 같이 바꿔 말해 보세요.

보기 スタイル / 短(みじか)くカットする

⇒ A どんなスタイルがいいと思(おも)います？

B そうですね。短(みじか)くカットしてみるのはどうですか。

1 人(ひと) / 年下(としした)の人(ひと)と会(あ)う

⇒ A

B

2 店(みせ) / 郊外(こうがい)の方(ほう)に行(い)く

⇒ A

B

3 プレゼント / ケーキを作(つく)る

⇒ A

B

4 色(いろ) / 明(あか)るい色(いろ)を着(き)る

⇒ A

B

5 車(くるま) / スポーツカーに乗(の)る

⇒ A

B

B 다음을 〈보기〉와 같이 바꿔 보세요.

보기 パーマをかける / 染(そ)める

⇒ パーマをかけたり染(そ)めたりしました。

1 行(い)く / 来(く)る

⇒ 人々(ひとびと)が商店街(しょうてんがい)を ________________ しています。

2 熱(ねつ)が出(で)る / 咳(せき)がひどくなる

⇒ ________________ して、病院(びょういん)に行(い)って来(き)ました。

3 雨(あめ)が降(ふ)る / 風(かぜ)が吹(ふ)く

⇒ 昨日(きのう)は ________________ しました。

C 다음을 〈보기〉와 같이 바꿔 보세요.

보기 安(やす)い / 高(たか)い

⇒ サイトによって、値段(ねだん)が安(やす)かったり高(たか)かったりします。

1 暑(あつ)い / 寒(さむ)い

⇒ 今年(ことし)の4月(しがつ)は ________________ しました。

2 忙(いそが)しい / 暇(ひま)だ

⇒ 仕事(しごと)は ________________ しました。

WORDS

郊外こうがい 교외 | **人々**ひとびと 사람들 | **商店街**しょうてんがい 상점가 | **風**かぜ**が吹**ふ**く** 바람이 불다

Pattern Practice 2

D 다음을 〈보기〉와 같이 바꿔 보세요.

보기 先生は明日来ない
⇒ 先生は明日来ないと思います。

1 先輩を呼んだ方がいい ⇒ ______

2 それは残念だ ⇒ ______

3 来年も不景気になる ⇒ ______

4 答えが違う ⇒ ______

Listening Training

다음을 듣고 내용에 맞는 그림을 두 개씩 고르세요. CD 18

보기

ⓐ
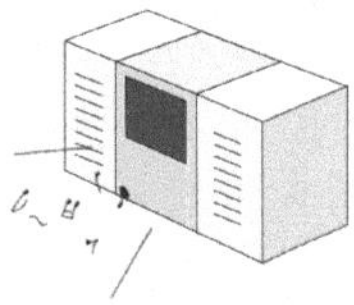

ⓑ

ⓒ

ⓓ

1 ______ 2 ______ 3 ______ 4 ______

WORDS

残念ざんねん**だ** 유감스럽다, 아쉽다 | **不景気**ふけいき 불경기 | **答**こた**え** 답 | **違**ちが**う** 다르다, 틀리다

Writing Note

다음 한자를 쓰면서 외워 봅시다.

病
병 **병**

음 ビョウ/ヘイ　훈 やむ/やまい　획수 10

丶 亠 广 广 疒 疒 疔 疔 病 病

病 病 病

院
담 **원**

음 イン　획수 10

㇇ 阝 阝 阝' 阝' 阝宀 阝宀 阝宀 阝完 院

院 院 院

就
이룰 **취**

음 シュウ/ジュ　훈 つく/つける　획수 12

丶 亠 亠 亠 古 亨 亰 京 京 就 就 就

就 就 就

職
벼슬 **직**

음 ショク　획수 18

一 丅 下 F 耳 耳 耳' 耳' 耳' 耳' 耳立 耳立 聀 職 職 職 職 職

職 職 職

Reading Quiz

다음을 읽고 질문에 답해 보세요.

今日修二君の美容院に行ってきた。イメチェンしたかったけど、
髪の毛を短くしたくはなかった。でも、髪の毛が傷んでいて、
結局カットすることにした。それから軽くパーマをかけた。
新しいヘアスタイルもけっこう似合うと思う。

Quiz　다음 중 윗글의 내용과 맞지 않는 것은?

① 머리를 잘랐다.　② 파마를 했다.　③ 새 헤어스타일이 마음에 안 든다.

＊結局けっきょく 결국　ヘアスタイル 헤어스타일　けっこう 제법, 꽤

Speaking Tool Box

★ 두 문장을 연결하여 〈보기〉와 같이 말해 보세요.

보기 まんがを読みました。/ ゲームをしました。

⇒ まんがを読んだりゲームをしたりしました。

＋

ドラマを見ながら泣きました。

ドラマを見ながら笑いました。

＋

ビールを飲みました。

焼酎を飲みました。

＋

週末はうちでテレビを見ました。

週末はうちでごろごろしました。

＋

休日、映画を見ました。

休日、遊園地に行きました。

＋

高校時代は恋人がいました。

高校時代は恋人がいませんでした。

＋

今日は仕事が忙しかったです。

今日は仕事が暇でした。

＋

天気によって気分がいいです。

天気によって気分が悪いです。

＋

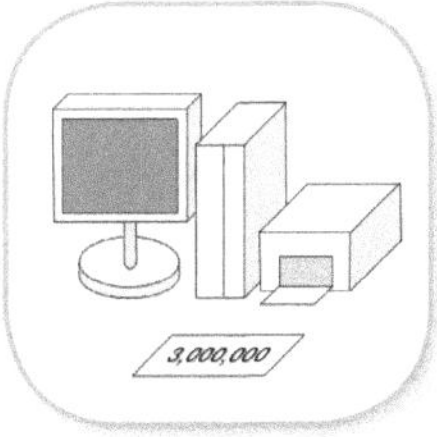

店によって値段が安いです。

店によって値段が高いです。

＋

母の料理はおいしいです。

母の料理はおいしくないです。

UNIT 04

ゆっくり休んだらどうですか。

폭 쉬는 게 어때요?

학 / 습 / 포 / 인 / 트 ① ～たら ② ～たらどうですか ③ ～たところだ ④ ～たばかりだ

Dialogue 1

CD 19

修二　どうしたんですか。顔色(かおいろ)が悪(わる)いですよ。

ノ・ダミ　体(からだ)がだるいし、食欲(しょくよく)もなくて。

修二　昨日(きのう)飲(の)みすぎたせいじゃないですか。

ノ・ダミ　二日酔(ふつかよ)いのせいだったら、薬(くすり)を飲(の)んだら治(なお)りますか。

修二　それより今日(きょう)はゆっくり休(やす)んだらどうですか。

ノ・ダミ　でも、大事(だいじ)な休(やす)みを無駄(むだ)にしたくないんです。

Grammar in Dialogue

CD 20

1 ~たら　~하면, ~했더니(가정 · 조건)

ロトに当たったら何がしたいですか。

ゆっくり休んだら肌がきれいになりました。

よかったら一緒に食事でもしませんか。

もうちょっと安かったら買うのに。

心配だったら確認してみてください。

もしダメだったら教えてください。

毎日が日曜日だったらいいのに。

もしお金持ちだったらどこにお金を使いますか。

2 ~たらどうですか　~하면 어떻습니까?, ~하는 것이 어때요?(권유 · 제안)

タクシーに乗ったらどうですか。

もう一度考えてみたらどうですか。

自分で直接したらどうですか。

先生に聞いてみたらどうですか。

WORDS

顔色かおいろ 얼굴색 | **だるい** 나른하다 | **食欲**しょくよく 식욕 | **二日酔**ふつかよ**い** 숙취 | **無駄**むだ**だ** 소용없다, 쓸모없다 | **肌**はだ 피부 | **使**つか**う** 사용하다 | **タクシー** 택시 | **考**かんが**える** 생각하다 | **直接**ちょくせつ 직접

Pattern Practice 1

A 다음을 〈보기〉와 같이 바꿔 보세요.

보기 今日(きょう)はゆっくり休(やす)む
⇨ 今日(きょう)はゆっくり休(やす)んだらどうですか。

1 先生(せんせい)に聞(き)く ⇨ ____________________

2 病院(びょういん)に行(い)ってみる ⇨ ____________________

3 全部(ぜんぶ)食(た)べる ⇨ ____________________

B 다음을 〈보기〉와 같이 바꿔 보세요.

보기 心配(しんぱい)だ / 確認(かくにん)してみる
⇨ 心配(しんぱい)だったら確認(かくにん)してみてください。

1 困(こま)ったことがある / 私(わたし)を呼(よ)ぶ ⇨ ____________________

2 忙(いそが)しくない / 手伝(てつだ)う ⇨ ____________________

3 便利(べんり)だ / 私(わたし)にも教(おし)える ⇨ ____________________

4 明日(あした)、暇(ひま)だ / 遊(あそ)びに来(く)る ⇨ ____________________

C 다음을 〈보기〉와 같이 바꿔 보세요.

보기 飲(の)む
⇒ お酒(さけ)を飲(の)んだせいで、頭(あたま)が痛(いた)い。

1 ある
⇒ 熱(ねつ)が ______________ 、一日中(いちにちじゅう)部屋(へや)にいた。

2 遅(おく)れる
⇒ バスが ______________ 、遅刻(ちこく)した。

3 読(よ)む
⇒ 寝(ね)ないで本(ほん)を ______________ 、目(め)が痛(いた)い。

Listening Training

잘 듣고 내용에 맞는 그림을 고르세요. CD 21

보기

ⓐ

ⓑ

ⓒ

ⓓ

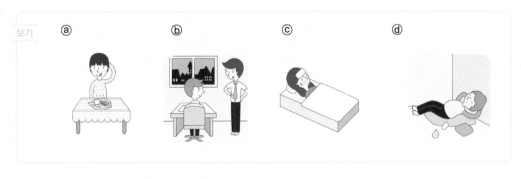

1 ________ 2 ________ 3 ________ 4 ________

WORDS

遅おく**れる** 늦다, 뒤지다 | **遅刻**ちこく**する** 지각하다

Dialogue 2

CD 22

カオル　もしもし。ノ・ダミちゃん、今、どこ？

ノ・ダミ　新宿だけど。

カオル　よかった。今、仕事終わったところなんだけど、
一緒にご飯でも食べない？

ノ・ダミ　いいよ。でも、先にちょっと寄るところがあるの。

カオル　何か用事？

ノ・ダミ　実は、この前買ったばかりのデジカメがなんか変でね。
今まで撮った写真が全部消えちゃって。
今から買ったお店に行くところなの。

1 ～たところだ　막 ～한 참이다

今、着いたところです。

学校が終わって帰ってきたところです。

新たに事業を始めたところです。

★ 동사의 기본형에 ～ところだ를 붙이면 '～하려는 참이다'라는 뜻이고,
～ている에 ～ところだ를 붙이면 '～하고 있는 중이다'라는 뜻이다.

今、出かけるところです。

宿題を始めるところです。

ご飯を食べているところです。

メールをチェックしているところです。

2 ～たばかりだ　～한 지 얼마 안 되다

日本語能力試験の勉強を始めたばかりです。

去年、大学を卒業したばかりです。

起きたばかりで、あまり食欲がないんです。

昨日会ったばかりなのに、また会いたいです。

WORDS

もしもし 여보세요 | **新宿**しんじゅく 신주쿠 | **終**お**わる** 끝나다 | **先**さき**に** 먼저 | **寄**よ**る** 들르다 | **用事**ようじ 볼일, 용건 | **変**へん**だ** 이상하다 | **消**き**える** 사라지다 | **新**あら**ただ** 새롭다 | **チェックする** 체크하다 | **日本語能力試験**にほんごのうりょくしけん 일본어능력시험 | **卒業**そつぎょう 졸업

Pattern Practice 2

A 다음 동사를 〈보기〉와 같이 바꿔 보세요.

보기 帰(かえ)ってくる

⇒ 今(いま)、<u>帰(かえ)ってきたところです</u>。

1 出(で)る ⇒ 今(いま)、駅(えき)を ______________________ 。

2 着(つ)く ⇒ 今(いま)、取引先(とりひきさき)に ______________________ 。

3 している ⇒ 今(いま)、先生(せんせい)の話(はなし)を ______________________ 。

B 다음을 〈보기〉와 같이 바꿔 말해 보세요.

보기 地下鉄(ちかてつ)に乗(の)る

⇒ A <u>もしもし。今(いま)、電話(でんわ)大丈夫(だいじょうぶ)</u>？

B <u>ごめん。今(いま)</u>、地下鉄(ちかてつ)に乗(の)る<u>ところなんだ</u>。

1 シャワーを浴(あ)びる ⇒ A もしもし。今(いま)、電話(でんわ)大丈夫(だいじょうぶ)？

B ______________________

2 エレベーターに乗(の)る ⇒ A もしもし。今(いま)、電話(でんわ)大丈夫(だいじょうぶ)？

B ______________________

3 出(で)かける ⇒ A もしもし。今(いま)、電話(でんわ)大丈夫(だいじょうぶ)？

B ______________________

C 다음을 〈보기〉와 같이 바꿔 말해 보세요.

보기 晩(ばん)ご飯(はん) / 食(た)べる

⇒ A 晩(ばん)ご飯(はん)は食(た)べましたか。

B ええ、今(いま)、食(た)べたばかりです。

1 田中(たなか)さん / 出発(しゅっぱつ)する ⇒ A

B

2 薬(くすり) / 飲(の)む ⇒ A

B

3 鈴木(すずき)さん / 帰(かえ)る ⇒ A

B

Listening Training

잘 듣고 다음 설명이 맞으면 ○, 틀리면 × 표시를 하세요. CD 24

1 ______ 조금 있다가 외출하려고 합니다.

2 ______ 지금 막 공항에 도착했습니다.

3 ______ 라면을 먹고 있습니다.

4 ______ 회사에 입사한 지 얼마 안 됐습니다.

WORDS

着つく 닿다, 도착하다 | **取引先**とりひきさき 거래처 | **地下鉄**ちかてつ 지하철 | **シャワーを浴**あ**びる** 샤워하다 | **エレベーター** 엘리베이터 | **出発**しゅっぱつ**する** 출발하다 | **空港**くうこう 공항

Writing Note

다음 한자를 쓰면서 외워 봅시다.

食 밥 **식**	음 ショク/ジキ　훈 くう/くらう/たべる　획수 9 ノ 𠆢 亼 今 今 今 食 食 食 食 食 食
欲 하고자 할 **욕**	음 ヨク　훈 ほっする/ほしい　획수 11 ノ ハ グ 父 谷 谷 谷 谷 谷 欲 欲 欲 欲 欲
宿 묵을 **숙**	음 シュク　훈 やど/やどる/やどす　획수 11 丶 ⺍ 宀 宀 宀 宀 宀 宿 宿 宿 宿 宿 宿 宿
題 표제 **제**	음 ダイ　획수 18 丨 冂 日 日 旦 早 早 是 是 是 是 是 題 題 題 題 題 題 題 題 題

Reading Quiz

다음을 읽고 질문에 답해 보세요.

体がだるいし、食欲もない。ホームシックだと思ったが、
二日酔いのせいだった。
食欲がないなんて、私にしては珍しいことなのでびっくりした。
今日はゆっくり休んだ方がいいと思う。

Quiz　글쓴이의 몸이 안 좋은 이유는?

① 향수병 때문에　② 감기 때문에　③ 숙취 때문에

＊ホームシック 향수병(homesickness)　珍めずらしい 드물다　びっくりする 깜짝 놀라다

Speaking Tool Box

★ 힘들어하는 친구 또는 동료에게 〈보기〉와 같이 조언해 보세요.

보기
A 調子(ちょうし)がよくないんです。
B 今日(きょう)はゆっくり休(やす)んだらどうですか。

恋人(こいびと)と別(わか)れた友達(ともだち)に

ストレスがたまっている同僚(どうりょう)に

ゲーム中毒(ちゅうどく)の友達(ともだち)に

彼女(かのじょ)がいない同僚(どうりょう)に

事故(じこ)で入院(にゅういん)した友達(ともだち)に

財布(さいふ)をなくした同僚(どうりょう)に

試験(しけん)に落(お)ちた友達(ともだち)に

いつも遅刻(ちこく)する同僚(どうりょう)に

UNIT 05

どうすればいいでしょうか。

어떻게 하면 좋을까요?

학 / 습 / 포 / 인 / 트　① ～ば(가정 · 조건)　② ～と(가정 · 조건)　③ ～なら(가정 · 조건)

Dialogue 1

CD 25

ノ・ダミ　好きな人がいるんですが、彼は私にまったく興味がありません。どうすればいいでしょうか。

占い師　ええっと、彼は気難しい性格ですね。
でも、時間をかけて付き合えばうまくいくと思います。
それから、あなたの周りにもう一人、男性が見えますが、
どちらが運命の人かはまだ分かりません。

ノ・ダミ　ええ？ もう一人の男性？

1 ～ば ～하면(가정 · 조건)

1그룹 동사 (5단 동사)	어미 う단 → え단 + ば	会(あ)う	→ 会(あ)えば 만나면
		行(い)く	→ 行(い)けば 가면
		脱(ぬ)ぐ	→ 脱(ぬ)げば 벗으면
		話(はな)す	→ 話(はな)せば 이야기하면
		待(ま)つ	→ 待(ま)てば 기다리면
		死(し)ぬ	→ 死(し)ねば 죽으면
		呼(よ)ぶ	→ 呼(よ)べば 부르면
		飲(の)む	→ 飲(の)めば 마시면
		乗(の)る	→ 乗(の)れば 타면
		帰(かえ)る	→ 帰(かえ)れば 돌아가면
2그룹 동사 (1단 동사)	어간 + れば	見(み)る	→ 見(み)れば 보면
		食(た)べる	→ 食(た)べれば 먹으면
3그룹 동사 (불규칙 동사)		来(く)る	→ 来(く)れば 오면
		する	→ すれば 하면
い형용사	어간 + ければ	高(たか)い	→ 高(たか)ければ 비싸면, 높으면
		いい/よい	→ よければ 좋으면
		ない	→ なければ 없으면
な형용사	어간 + ならば	好(す)きだ	→ 好(す)きならば 좋아한다면
		上手(じょうず)だ	→ 上手(じょうず)ならば 잘한다면

説明書(せつめいしょ)を読(よ)めば分(わ)かると思(おも)います。

自分(じぶん)さえよければどうでもいいんですか。

WORDS

興味きょうみ 흥미 | **気難**きむずか**しい** 까다롭다, 깐깐하다 | **時間**じかん**をかける** 시간을 들이다 | **うまくいく** 잘 되어 가다 | **周**まわ**り** 주위, 근처 | **見**み**える** 보이다 | **運命**うんめい 운명 | **説明書**せつめいしょ 설명서 | **～さえ** ～마저, ～만

Pattern Practice 1

A 다음을 ～ば의 형태로 바꿔 보세요.

기본형	～ば	기본형	～ば
行(い)く	行(い)けば	食(た)べる	
飲(の)む		来(く)る	
死(し)ぬ		勉強(べんきょう)する	
言(い)う		安(やす)い	
書(か)く		いい	
待(ま)つ		ない	
起(お)きる		親切(しんせつ)だ	
見(み)る		静(しず)かだ	

B 다음을 〈보기〉와 같이 바꿔 보세요.

보기 説明書(せつめいしょ)を読(よ)む / 分(わ)かる

⇒ 説明書(せつめいしょ)を読(よ)めば、分(わ)かります。

1 薬(くすり)を飲(の)む / よくなる

⇒ ______________________________

2 先輩(せんぱい)に頼(たの)む / すぐできる

⇒ ______________________________

3 あなたが来(く)る / みんな喜(よろこ)ぶ

⇒ ______________________________

C　다음을 〈보기〉와 같이 바꿔 보세요.

보기　忙(いそが)しい / 後(あと)で電話(でんわ)する
⇒ 忙(いそが)しければ後(あと)で電話(でんわ)します。

1　天気(てんき)がいい / 行(い)く

⇒ ________________

2　おいしい / 食(た)べる

⇒ ________________

3　安(やす)い / 買(か)う

⇒ ________________

Listening Training

잘 듣고 빈칸에 들어갈 말을 써 보세요. CD 27

1　会議(かいぎ)の書類(しょるい)なら千秋(ちあき)さんに ________ すぐできますよ。

2　まっすぐ ________ 銀行(ぎんこう)が見(み)えます。

3　________ 来(こ)なくていいですよ。

4　彼(かれ)は時間(じかん)さえ ________ テレビを見(み)ています。

WORDS

よくなる 좋아지다 | **頼**たの**む** 부탁하다 | **すぐ** 금방, 바로 | **喜**よろこ**ぶ** 기뻐하다 | **天気**てんき 날씨 | **会議**かいぎ 회의 | **まっすぐ** 똑바로, 곧장

Dialogue 2

CD 28

ノ・ダミ　ジブリ美術館(びじゅつかん)にはここからどうやって行(い)けばいいですか。

店員　この道(みち)をまっすぐ行(い)くと、三鷹駅(みたかえき)の南口(みなみぐち)に出(で)ます。
そこからバスに乗(の)って5分(ごふん)ぐらい行(い)くと、
美術館(びじゅつかん)に着(つ)きますよ。

ノ・ダミ　歩(ある)いて行(い)くと、どのぐらいかかりますか。

店員　15分(じゅうごふん)ぐらいかかりますが、初(はじ)めて行(い)くなら
バスに乗(の)って行(い)った方(ほう)がいいと思(おも)いますよ。

1 ～と ～하면(가정 · 조건)

右に曲がると大きな公園があります。

赤いボタンを押すと止まります。

天気がいいと気持ちがいいですね。

外国語が得意だと仕事に役立ちます。

学生だと割引になります。

一生懸命勉強しないと、試験に合格できません。

2 ～なら ～한다면, ～라면(가정 · 조건)

ワインを飲むなら赤ワインにします。

遅くなるなら連絡してください。

おいしいならもっと食べていいですよ。

大変なら無理しなくていいですよ。

もしそれが嘘なら私が責任を取ります。

誰にも言わないなら話します。

WORDS

ジブリ美術館びじゅつかん 지브리 미술관 | **南口**みなみぐち 남쪽 출구 | **かかる** 걸리다, 소요되다 | **曲**ま**がる** 방향을 바꾸다, 돌다 | **ボタン** 버튼, 단추 | **押**お**す** 누르다 | **気持**きも**ち** 기분 | **外国語**がいこくご 외국어 | **得意**とくい**だ** 자신 있다, 잘한다 | **割引**わりびき 할인 | **ワイン** 와인 | **責任**せきにん**を取**と**る** 책임을 지다

Pattern Practice 2

A 다음을 〈보기〉와 같이 바꿔 보세요.

보기 まっすぐ行(い)く / 三鷹駅(みたかえき)の南口(みなみぐち)に出(で)る
⇒ まっすぐ行(い)く<u>と</u>、三鷹駅(みたかえき)の南口(みなみぐち)に出<u>ます</u>。

1 冬(ふゆ)になる / 毎年(まいとし)スキーに行(い)く

⇒ ______________________

2 ネットで本(ほん)を買(か)う / 安(やす)くて便利(べんり)だ

⇒ ______________________

3 早(はや)く起(お)きない / 約束(やくそく)に遅(おく)れる

⇒ ______________________

4 しっかり掃除(そうじ)しない / ゴキブリが出(で)ちゃう

⇒ ______________________

5 早起(はやお)きが苦手(にがて)だ / 社会生活(しゃかいせいかつ)は難(むずか)しい

⇒ ______________________

6 英語(えいご)が上手(じょうず)だ / 就職(しゅうしょく)に有利(ゆうり)だ

⇒ ______________________

B 다음을 〈보기〉와 같이 바꿔 보세요.

보기 学生(がくせい) / 割引(わりびき)になる
⇒ 学生(がくせい)だと、割引(わりびき)になります。

1 そんな格好(かっこう) / 風邪(かぜ)をひく
⇒ ______________________

2 今(いま)の時間(じかん) / 道(みち)が混(こ)む
⇒ ______________________

C 다음을 〈보기〉와 같이 바꿔 보세요.

보기 ワインを飲(の)む / 赤(あか)ワインにする
⇒ ワインを飲(の)むなら、赤(あか)ワインにします。

1 あなたがいる / 安心(あんしん)できる
⇒ ______________________

2 あなたが行(い)く / 私(わたし)も行(い)く
⇒ ______________________

3 料理(りょうり)をする / 手伝(てつだ)う
⇒ ______________________

WORDS

毎年まいとし 매년 | **スキー** 스키 | **ネット** 인터넷 | **しっかり** 똑똑히, 확실히 | **ゴキブリ** 바퀴벌레 | **早起**はやお**き** 일찍 일어남 | **社会生活**しゃかいせいかつ 사회생활 | **有利**ゆうり**だ** 유리하다 | **格好**がっこう 모습, 복장 | **道**みち**が混**こ**む** 길이 막히다 | **安心**あんしん**する** 안심하다

Pattern Practice 2

D 다음을 〈보기〉와 같이 바꿔 보세요.

보기 嘘(うそ)

⇒ それが嘘(うそ)なら、私(わたし)が責任(せきにん)を取(と)ります。

1 眼鏡(めがね) ⇒ ＿＿＿＿＿＿＿、机(つくえ)の上(うえ)にありますよ。

2 お金(かね)のこと ⇒ ＿＿＿＿＿＿＿、心配(しんぱい)しなくていいです。

3 金曜日(きんようび) ⇒ 来週(らいしゅう)の ＿＿＿＿＿＿＿、時間(じかん)があります。

4 音楽(おんがく) ⇒ 静(しず)かな ＿＿＿＿＿＿＿ 聴(き)いてみたいです。

Listening Training

잘 듣고 그림에 대한 설명이 맞으면 ○, 틀리면 × 표시를 하세요. CD 30

보기 ① ② ③ ④

1 ＿＿＿＿ 2 ＿＿＿＿ 3 ＿＿＿＿ 4 ＿＿＿＿

Writing Note

다음 한자를 쓰면서 외워 봅시다.

한자	
興 일 흥	음 コウ/キョウ　훈 おこる/おこす　획수 16 丿 亻 𠂉 𠂤 ⺽ … 興 興 興 興 興
味 맛 미	음 ミ　훈 あじ/あじわう　획수 8 丨 冂 口 口一 口二 咔 呋 味 味 味 味
電 번개 전	음 デン　획수 13 一 ⺁ 冖 币 雨 … 雷 電 電 電 電
話 말할 화	음 ワ　훈 はなす/はなし　획수 13 丶 亠 亖 言 … 訁 訂 許 話 話 話 話 話

Reading Quiz

다음을 읽고 질문에 답해 보세요.

千秋先輩の気持ちを知りたくて占いに行ってきた。
今は私にまったく興味がないけれど、時間をかけて付き合えばうまくいくそうだ。そして、私の周りにもう一人、男の人がいるみたい。
運命の人は誰かな。

Quiz　다음 중 글쓴이에 대한 설명으로 맞는 것은?

① 치아키를 좋아한다.　② 직업이 점쟁이다.　③ 양다리를 걸치고 있다.

＊～そうだ ~라고 한다　～みたい ~인 것 같다　～かな ~일까

Speaking Tool Box

★ 지도를 보고, 〈보기〉와 같이 길을 묻고 답해 보세요.

보기

A　駅(えき)はどうやって行(い)けばいいですか。

B　まずこの道(みち)をまっすぐ行(い)ってください。
ラーメン屋(や)の角(かど)を左(ひだり)に曲(ま)がると、駅(えき)があります。

A　どのぐらいかかりますか。

B　5分(ごふん)ぐらいかかります。

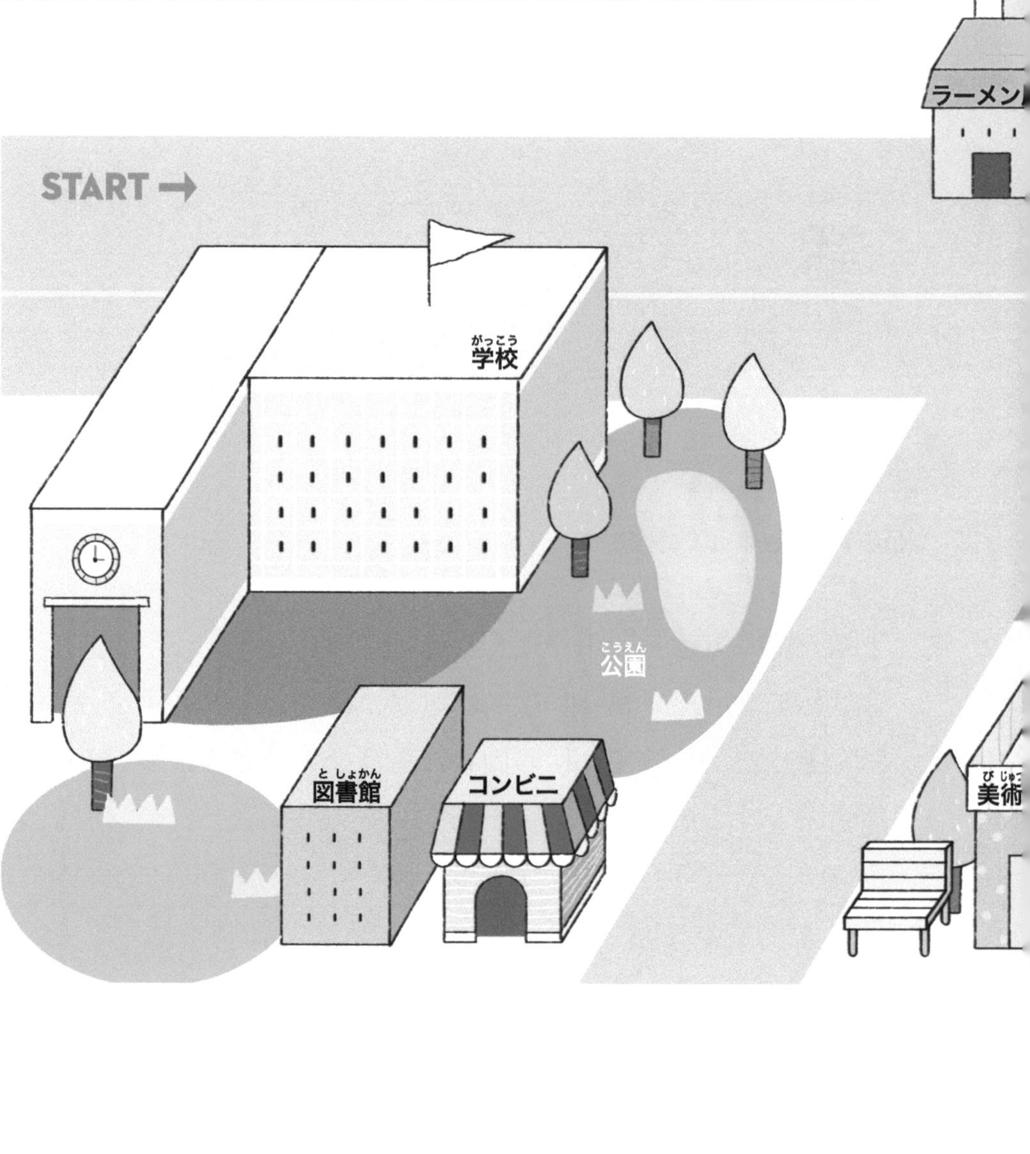

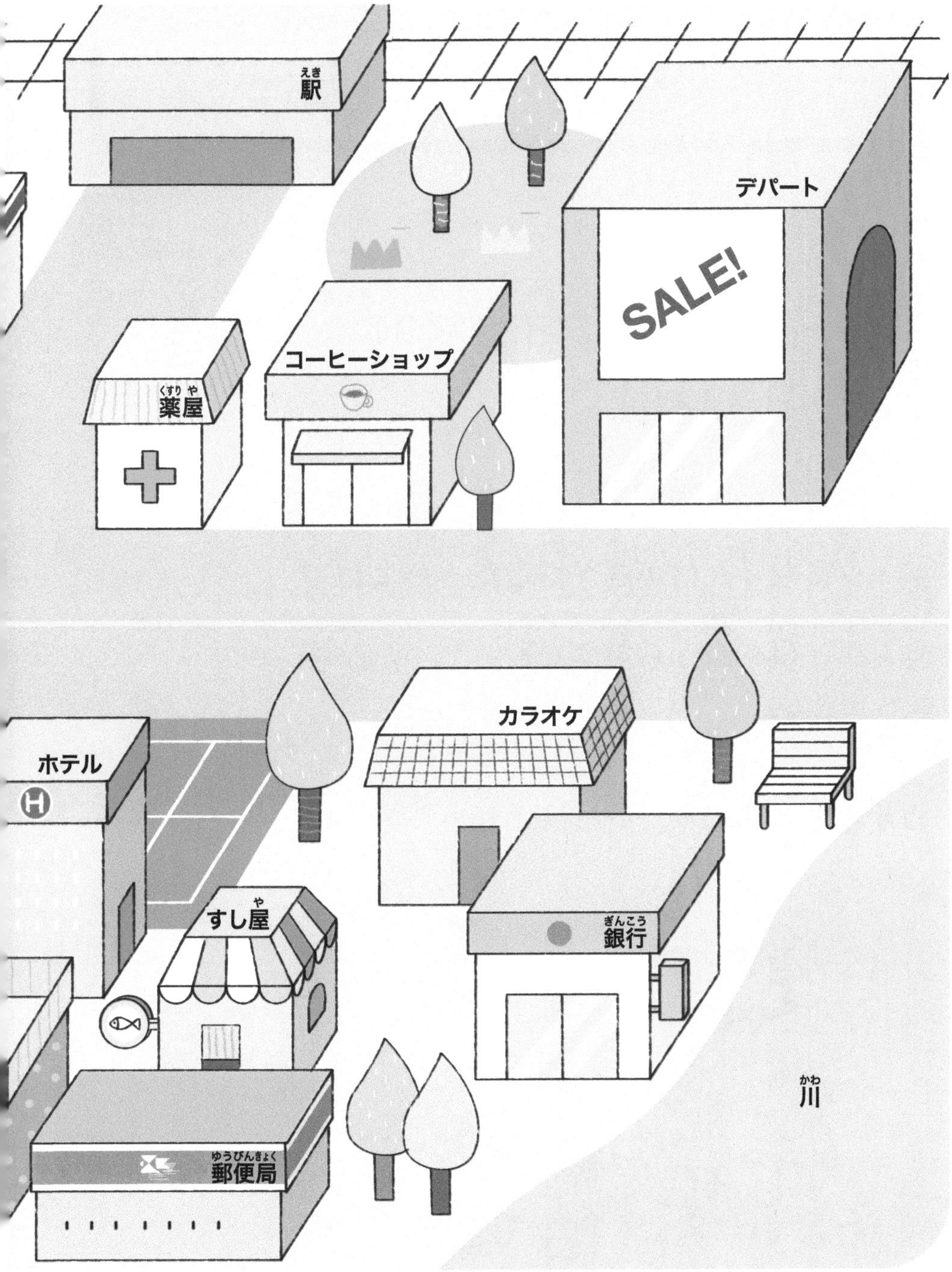
えき
駅
デパート
SALE!
コーヒーショップ
くすり や
薬屋
カラオケ
ホテル
や
すし屋
ぎんこう
銀行
かわ
川
ゆうびんきょく
郵便局

UNIT

06 早ければ早いほどいい。

빠르면 빠를수록 좋아.

학/습/포/인/트 ① ~ば …ほど ② ~ばよかった ③ ~なければならない ④ ~まで/~までに

Dialogue 1

CD 31

カオル　今日(きょう)トーイックの試験(しけん)を受(う)けたんだけど、

難(むずか)しくて全然(ぜんぜん)できなかったの。

もっとまじめに勉強(べんきょう)すればよかった。

ノ・ダミちゃんは英語(えいご)が得意(とくい)だったよね。

ノ・ダミ　うん。子供(こども)の時(とき)から英語(えいご)を習(なら)っていたから。

カオル　外国語(がいこくご)を習(なら)うのは、早(はや)ければ早(はや)いほどいいよね。

ノ・ダミ　カオルも英語(えいご)の塾(じゅく)に行(い)けばよかったのに。

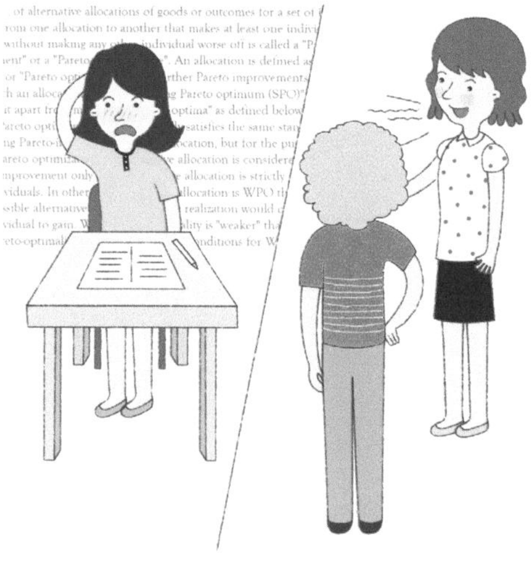

Grammar in Dialogue

CD 32

1 ～ば …ほど　～하면 …할수록

会(あ)えば会(あ)うほど彼女(かのじょ)が好(す)きになります。

日本語(にほんご)は勉強(べんきょう)すればするほど面白(おもしろ)いです。

安(やす)ければ安(やす)いほどいいです。

目標(もくひょう)は高(たか)ければ高(たか)いほどいいです。

有名(ゆうめい)ならば有名(ゆうめい)なほど忙(いそが)しくなります。

きれいならばきれいなほどいいです。

2 ～ばよかった　～하는 게 좋았다, ～할 걸 그랬다(후회)

傘(かさ)を持(も)ってくればよかった。

もっと早(はや)く買(か)えばよかった。

何(なに)も言(い)わなければよかった。

WORDS

トーイック 토익 | **試験**しけん**を受**う**ける** 시험을 보다 | **まじめだ** 착실하다, 진지하다 | **塾**じゅく 학원 | **目標**もくひょう 목표

Pattern Practice 1

A 다음을 〈보기〉와 같이 바꿔 보세요.

> 보기 外国語(がいこくご)を習(なら)うこと / 早(はや)い / いい
> ⇒ 外国語(がいこくご)を習(なら)うことは早(はや)ければ早(はや)いほどいいよね。

1 給料(きゅうりょう) / 高(たか)い / いい

⇒ ______________________________

2 パソコン / 軽(かる)い / 高(たか)い

⇒ ______________________________

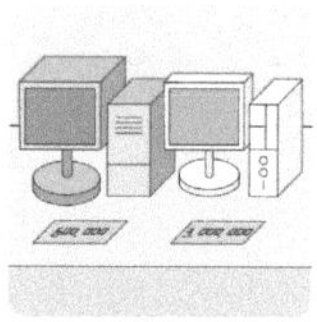

B 다음을 〈보기〉와 같이 바꿔 보세요.

> 보기 日本語(にほんご) / 勉強(べんきょう)する / 面白(おもしろ)くなる
> ⇒ 日本語(にほんご)は勉強(べんきょう)すればするほど面白(おもしろ)くなります。

1 クラシック音楽(おんがく) / 聴(き)く / 好(す)きになる

⇒ ______________________________

2 ピアノ / 練習(れんしゅう)する / うまくなる

⇒ ______________________________

3 お酒(さけ) / 飲(の)む / 強(つよ)くなる

⇒ ______________________________

C 다음을 〈보기〉와 같이 바꿔 보세요.

> 보기 話(はな)す
>
> ⇒ 母(はは)に<u>話(はな)せばよかった</u>。

1 メモしておく

⇒ 彼(かれ)の電話番号(でんわばんごう)を ________________。

2 来(く)る

⇒ あ、雨(あめ)だ。傘(かさ)を持(も)って ________________。

3 勉強(べんきょう)する

⇒ もっと ________________。

Listening Training

잘 듣고 다음 설명이 맞으면 ○, 틀리면 × 표시를 하세요. CD 33

1 ______ 월급은 높으면 높을수록 좋습니다.

2 ______ 일본어는 공부할수록 재미있습니다.

3 ______ 컴퓨터는 가벼울수록 비싸집니다.

4 ______ 연습하면 할수록 지겨워집니다.

WORDS

給料きゅうりょう 급료, 임금 | **練習**れんしゅう**する** 연습하다 | **うまくなる** 잘하게 되다 | **強**つよ**い** 강하다, 세다

Dialogue 2

CD 34

ノ・ダミ　修二君(しゅうじくん)、彼女(かのじょ)と付(つ)き合(あ)ってどれくらいですか。

修二　5年(ごねん)ぐらい付(つ)き合(あ)ってます。

ノ・ダミ　いつ結婚(けっこん)するんですか。

修二　まだ結婚(けっこん)までは…。プロポーズもしてないし、
彼女(かのじょ)の気持(きも)ちも聞(き)いてみなければならないし。

ノ・ダミ　私(わたし)は30歳(さんじゅっさい)までには結婚(けっこん)したいんです。

修二　ノ・ダミさん、彼氏(かれし)いるんですか。

ノ・ダミ　まだいないんですけど、気(き)になる人(ひと)はいます。

1 ~なければならない ~하지 않으면 안 된다, ~해야 한다

土曜日(どようび)にも会社(かいしゃ)に行(い)かなければならない。

チケットを予約(よやく)しなければなりません。

モデルなら背(せ)が高(たか)くなければなりません。

駅(えき)から近(ちか)くなければならない。

お住(す)まいは安全(あんぜん)でなければなりません。

日本語(にほんご)が上手(じょうず)じゃなければなりません。

20歳(はたち)以上(いじょう)でなければなりません。

今日(きょう)じゃなければなりません。

2 ~まで/~までに ~까지/~까지는

会社(かいしゃ)は午前(ごぜん)9時(くじ)から午後(ごご)6時(ろくじ)までです。

今日(きょう)は日曜日(にちようび)なので、明日(あした)まで待(ま)たなければなりません。

明日(あした)までにレポートを提出(ていしゅつ)してください。

7時(しちじ)までに会社(かいしゃ)に行(い)かなければなりません。

夏(なつ)までにダイエットをして水着(みずぎ)を着(き)たいです。

WORDS

プロポーズ 프러포즈 | **チケット** 티켓, 표 | **モデル** 모델 | **住**す**まい** 사는 곳, 집 | **安全**あんぜん**だ** 안전하다 | **以上**いじょう 이상 | **レポート** 리포트, 보고서 | **提出**ていしゅつ 제출 | **夏**なつ 여름 | **水着**みずぎ 수영복

Pattern Practice 2

A 다음을 〈보기〉와 같이 바꿔 보세요.

> 보기 聞(き)いてみる
> ⇒ 彼女(かのじょ)の意見(いけん)を聞(き)いてみなければなりません。

1 帰(かえ)る ⇒ そろそろ ＿＿＿＿＿＿＿＿＿＿ 。

2 予約(よやく)する ⇒ 電話(でんわ)で ＿＿＿＿＿＿＿＿＿＿ 。

3 かける ⇒ 5時(ごじ)までに父(ちち)に電話(でんわ)を ＿＿＿＿＿＿＿＿＿＿ 。

B 다음을 〈보기〉와 같이 바꿔 보세요.

> 보기 近(ちか)い
> ⇒ 駅(えき)から近(ちか)くなければなりません。

1 高(たか)い ⇒ 目標(もくひょう)は ＿＿＿＿＿＿＿＿＿＿ 。

2 美(うつく)しい ⇒ 女優(じょゆう)はいつも ＿＿＿＿＿＿＿＿＿＿ 。

3 安(やす)い ⇒ 学生食堂(がくせいしょくどう)は町(まち)の食堂(しょくどう)より ＿＿＿＿＿＿＿＿＿＿ 。

C 다음을 잘 읽어 보고 둘 중에서 알맞은 표현을 골라 보세요.

보기 会議(かいぎ)が始(はじ)まる まで / ~~までに~~(circled: までに) 来(き)てください。

1 セミナーは月曜日(げつようび)から水曜日(すいようび) まで / までに 行(おこな)います。

2 夏休(なつやす)みが終(お)わる まで / までに この本(ほん)を読(よ)んでしまいたい。

3 疲(つか)れる まで / までに 踊(おど)りました。

4 5時(ごじ) まで / までに ここで待(ま)っています。

Listening Training

잘 듣고 내용에 맞는 그림을 고르세요. CD 36

보기

ⓐ

ⓑ

ⓒ

ⓓ

1 ______ 2 ______ 3 ______ 4 ______

WORDS

意見いけん 의견 | **美**うつく**しい** 아름답다 | **女優**じょゆう 여배우 | **学生食堂**がくせいしょくどう 학생 식당 | **始**はじ**まる** 시작하다 | **セミナー** 세미나 | **行**おこな**う** 실시하다, 시행하다 | **疲**つか**れる** 피곤하다, 지치다 | **踊**おど**る** 춤추다

Writing Note

다음 한자를 쓰면서 외워 봅시다.

得 얻을 득	음 トク　훈 える/うる　획수 11 ノ ク 彳 彳 彳 彳 彳 得 得 得 得 得 得 得
意 뜻 의	음 イ　획수 13 丶 亠 亠 立 立 产 音 音 音 音 意 意 意 意 意 意
目 눈 목	음 モク/ボク　훈 め/ま　획수 5 丨 冂 日 月 目 目 目 目
標 표할 표	음 ヒョウ　획수 15 一 十 木 木 杧 杧 杽 栖 栖 栖 栖 標 標 標 標 標 標 標

Reading Quiz

다음을 읽고 질문에 답해 보세요.

今日トーイックの試験を受けたが、全然できなかった。
英語が得意なノ・ダミちゃんがうらやましい。
彼女は子供の時から英語を習っていたそうだ。
外国語を習うのは早ければ早いほどいいと思う。

Quiz 다음 중 글쓴이에 대한 설명으로 맞는 것은?

① 영어를 잘한다.　② 오늘 토익 시험을 봤다.　③ 어릴 적부터 영어를 배웠다.

* うらやましい 부럽다　～そうだ ~라고 한다

Speaking Tool Box

★ 〈보기〉의 표현을 사용하여 그림에 맞는 표현을 만들어 보세요.

보기		
	~てもいいです	~なくてもいいです
	~てはいけません	~なければなりません

タバコを吸(す)う
담배를 피우다

電話(でんわ)をする
전화를 하다

早(はや)く帰(かえ)る
일찍 돌아가다

朝寝坊(あさねぼう)する
늦잠을 자다

一生懸命勉強(いっしょうけんめいべんきょう)する
열심히 공부하다

約束(やくそく)に遅(おく)れる
약속에 늦다

お酒(さけ)を飲(の)む
술을 마시다

車(くるま)を止(と)める
차를 세우다

UNIT 07

コンビニでも送れるよ。

편의점에서도 보낼 수 있어.

학 / 습 / 포 / 인 / 트　① 동사의 가능형　② ~ことができる/~ことができない　③ しょうがない

Dialogue 1

CD 37

ノ・ダミ　韓国(かんこく)に葉書(はがき)を送(おく)りたいんだけど、この辺(へん)に郵便局(ゆうびんきょく)ある？

カオル　郵便局(ゆうびんきょく)まで行(い)かなくても、コンビニでも送(おく)れるよ。

ノ・ダミ　へえ、そうなんだ。

カオル　コンビニで本(ほん)も買(か)えるし、税金(ぜいきん)も払(はら)えるの。

ノ・ダミ　それは韓国(かんこく)のコンビニでもできるよ。

1 동사의 가능형 ~할 수 있다

1그룹 동사 (5단 동사)	어미 う단 → え단 + る	会(あ)う	→	会(あ)える	만날 수 있다
		行(い)く	→	行(い)ける	갈 수 있다
		脱(ぬ)ぐ	→	脱(ぬ)げる	벗을 수 있다
		話(はな)す	→	話(はな)せる	이야기할 수 있다
		待(ま)つ	→	待(ま)てる	기다릴 수 있다
		死(し)ぬ	→	死(し)ねる	죽을 수 있다
		呼(よ)ぶ	→	呼(よ)べる	부를 수 있다
		飲(の)む	→	飲(の)める	마실 수 있다
		乗(の)る	→	乗(の)れる	탈 수 있다
		帰(かえ)る	→	帰(かえ)れる	돌아갈 수 있다
2그룹 동사 (1단 동사)	어간 + られる	見(み)る	→	見(み)られる	볼 수 있다
		食(た)べる	→	食(た)べられる	먹을 수 있다
3그룹 동사 (불규칙 동사)		来(く)る	→	来(こ)られる	올 수 있다
		する	→	できる	할 수 있다

あなたに会(あ)えてよかった。

お酒(さけ)はどのぐらい飲(の)めますか。

決(き)まった時間(じかん)に起(お)きられますか。

魚(さかな)は好(す)きですが、刺身(さしみ)は食(た)べられません。

日本語(にほんご)はできますが、英語(えいご)はできません。

WORDS

コンビニ 편의점 | **葉書**はがき 엽서 | **この辺**へん 이 근처, 이 근방 | **税金**ぜいきん 세금 | **払**はら**う** 지불하다 | **韓国**かんこく 한국 | **決**き**まる** 정해지다, 결정되다

Pattern Practice 1

A 다음 동사를 가능형으로 바꿔 보세요.

기본형	가능형	기본형	가능형
行(い)く	行(い)ける	食(た)べる	
飲(の)む		話(はな)す	
泳(およ)ぐ		死(し)ぬ	
言(い)う		遊(あそ)ぶ	
書(か)く		着(き)る	
待(ま)つ		来(く)る	
起(お)きる		読(よ)む	
見(み)る		学(まな)ぶ	
使(つか)う		探(さが)す	
立(た)つ		する	

B 다음 동사를 〈보기〉와 같이 바꿔 보세요.

보기 食(た)べる

⇒ あの店(みせ)ではいろんな料理(りょうり)が<u>食(た)べられる</u>。

1 会(あ)う ⇒ 週末(しゅうまつ)なら、いつでも ＿＿＿＿＿＿＿＿ 。

2 寝(ね)る ⇒ 眠(ねむ)い時(とき)はどこででも ＿＿＿＿＿＿＿＿ 。

3 遊(あそ)ぶ ⇒ ここは無料(むりょう)で ＿＿＿＿＿＿＿＿ 。

C 다음 동사를 〈보기〉와 같이 바꿔 보세요.

보기 かける
⇒ 日本語(にほんご)で電話(でんわ)をかけられない。

1 する ⇒ 英語(えいご)が ______________ 。

2 書(か)く ⇒ 私(わたし)は漢字(かんじ)が ______________ 。

3 飲(の)む ⇒ 牛乳(ぎゅうにゅう)が ______________ 。

4 使(つか)う ⇒ 娘(むすめ)はまだはしを ______________ 。

Listening Training

잘 듣고 빈칸에 들어갈 말을 써 보세요. CD 39

1 ビールなら10本(じゅっぽん)は ______________ 。

2 私(わたし)は刺身(さしみ)が ______________ 。

3 明日(あした)の合(ごう)コン、 ______________ 。

4 私(わたし)は自転車(じてんしゃ)に ______________ 。

WORDS

無料むりょう 무료 | **漢字**かんじ 한자 | **娘**むすめ 딸 | **はし** 젓가락

Dialogue 2

CD 40

修二　箱根旅行の電車を予約しました。

明日、朝７時に新宿駅で会いましょう。

ノ・ダミ　朝７時？

じゃ、朝５時半に起きなければならないけど、

修二君はそんなに早く起きることができますか。

修二　僕も朝型人間じゃありませんけど、

日帰り旅行だから、しょうがないですよ。

1

동사의 기본형 + ことができる ~할 수 있다
+ ことができない ~할 수 없다

セールなので、安(やす)く買(か)うことができます。

このサイトでは、海外(かいがい)のニュースを見(み)ることができます。

日本語(にほんご)を話(はな)すことはできますが、書(か)くことはできません。

どうしても早(はや)く起(お)きることができません。

パスワードを入力(にゅうりょく)してもログインすることができないんです。

★ 명사 + ができる : ~을 할 수 있다, ~을 잘하다

料理(りょうり)ができます。

日本語(にほんご)ができます。

2

しょうがない 하는 수 없다, 어쩔 도리가 없다

おならは生理現象(せいりげんしょう)だから、しょうがないですよ。

時間(じかん)がないんだったら、しょうがないですね。

不安(ふあん)でしょうがないんです。

WORDS

電車でんしゃ 전차 | **朝型人間**あさがたにんげん 아침형 인간 | **日帰り旅行**ひがえりりょこう 당일치기 여행, 무박 여행 | **ニュース** 뉴스 | **パスワード** 비밀번호 | **入力**にゅうりょく 입력 | **ログイン** 로그인 | **おなら** 방귀 | **生理現象**せいりげんしょう 생리현상

Pattern Practice 2

A 다음을 〈보기〉와 같이 바꿔 말해 보세요.

보기 修二さん / 5時に起きる

⇒ A 修二さんは5時に起きることができますか。

B もちろん起きられます。

1 洋子さん / ピアノを弾く ⇒ A ______

B ______

2 田中さん / 納豆を食べる ⇒ A ______

B ______

3 カオルさん / 1時間も待つ ⇒ A ______

B ______

B 다음을 〈보기〉와 같이 바꿔 보세요.

보기 この天気では写真を撮れない。

⇒ この天気では写真を撮ることができない。

1 今は教室に入れない。

⇒ ______

2 英語の本は速く読めない。

⇒ ______

C 다음을 〈보기〉와 같이 바꿔 보세요.

보기 日帰(ひがえ)り旅行(りょこう) / 出発(しゅっぱつ)が早(はや)い

⇒ 日帰(ひがえ)り旅行(りょこう)だから、出発(しゅっぱつ)が早(はや)くてもしょうがないですよ。

1 規則(きそく) / 気(き)に入(い)らない

⇒ ________________

2 海外(かいがい)にいる人(ひと) / 会(あ)いたい

⇒ ________________

3 難(むずか)しい問題(もんだい) / 解(と)けない

⇒ ________________

Listening Training

잘 듣고 다음 설명이 맞으면 ○, 틀리면 × 표시를 하세요. CD 42

1 ______ 다음 주엔 그와 만날 수 있습니다.

2 ______ 인터넷으로 해외 뉴스를 볼 수 있습니다.

3 ______ 그 사람과 친합니다.

4 ______ 비밀번호를 입력하면 로그인할 수 있습니다.

WORDS

ピアノを弾ひく 피아노를 치다 | **納豆**なっとう 낫토(일본의 발효 식품) | **規則**きそく 규칙 | **気**き**に入**い**らない** 마음에 안 든다 | **解**と**く** 풀다, 답을 내다

Writing Note

다음 한자를 쓰면서 외워 봅시다.

韓 나라 이름 **한**	음 カン　획수 18 一 十 𠀋 ... 韓 韓 韓 韓
国 나라 국	음 コク　훈 くに　획수 8 丨 冂 ... 国 国 国 国 国
料 헤아릴 료	음 リョウ　획수 10 丶 丷 ... 米 料 料 料 料
理 다스릴 리	음 リ　훈 ことわり　획수 11 一 二 ... 理 理 理 理 理

Reading Quiz

다음을 읽고 질문에 답해 보세요.

明日は朝５時半に起きなければならないんです。
日帰り旅行で箱根に行くんですけど、ちゃんと起きられるか心配です。
私は全然朝型人間ではありません。
朝早く起きることができなくて会社にもよく遅刻します。
どうすればいいでしょうか。

Quiz　글쓴이가 내일 일찍 일어나야 하는 이유는 무엇입니까?

① 회사에 가야 해서　② 여행을 가기로 해서　③ 학교에 가야 해서

⁂ ちゃんと 제대로

Speaking Tool Box

★ 〈보기〉의 표현을 참고하여 자신이 할 수 있는 것과 할 수 없는 것에 대해 말해 보세요.

보기

漢字(かんじ)を読(よ)むことができます。

漢字(かんじ)を書(か)くことはできません。

ワインを一本以上飲(いっぽんいじょうの)む
와인을 한 병 이상 마시다

納豆(なっとう)を食(た)べる
낫토를 먹다

朝早(あさはや)く起(お)きる
아침 일찍 일어나다

英語(えいご)で話(はな)す
영어로 이야기하다

車(くるま)を運転(うんてん)する
자동차를 운전하다

ハイヒールを履(は)く
하이힐을 신다

海(うみ)で泳(およ)ぐ
바다에서 수영하다

ピアノを弾(ひ)く
피아노를 치다

UNIT

08 通り雨かもしれない。

지나가는 비일지도 몰라.

학 / 습 / 포 / 인 / 트 ① ～かもしれません/～かもしれない ② ～でしょう/～だろう ③ ～はずだ ④ ～はずがない

Dialogue 1

CD 43

カオル　あっ、また雨(あめ)だ。傘(かさ)、持(も)ってる？

ノ・ダミ　ううん、持(も)ってない。

カオル　今日(きょう)は晴(は)れるでしょうって、天気予報(てんきよほう)で言(い)ってたのに。
天気予報(てんきよほう)って当(あ)てにならないね。

ノ・ダミ　通(とお)り雨(あめ)かもしれないから、
ちょっと様子(ようす)を見(み)てみる？

1

～かもしれません ～할지도 모릅니다
～かもしれない ～할지도 모른다

雨(あめ)が降(ふ)るかもしれません。

もう忘(わす)れたかもしれない。

まだ知(し)らないかもしれない。

少(すこ)し難(むずか)しいかもしれません。

今日(きょう)は忙(いそが)しいかもしれない。

無理(むり)なダイエットは危険(きけん)かもしれません。

あの問題(もんだい)、思(おも)ったより簡単(かんたん)かもしれません。

最近(さいきん)、睡眠不足(すいみんぶそく)かもしれない。

2

～でしょう ～이겠죠(추측)
～だろう ～이겠지

この状況(じょうきょう)では金利(きんり)が上(あ)がるでしょう。

木村拓哉(きむらたくや)主演(しゅえん)のドラマだから面白(おもしろ)いでしょう。

次(つぎ)は今回(こんかい)よりもっと簡単(かんたん)だろう。

WORDS

晴は**れる** 맑아지다, 날씨가 개다 | **天気予報**てんきよほう 일기예보 | **当**あ**てにならない** 도움이 되지 않는다 | **通**とお**り雨**あめ 지나가는 비 | **様子**ようす 상태 | **危険**きけん**だ** 위험하다 | **簡単**かんたん**だ** 간단하다 | **睡眠不足**すいみんぶそく 수면 부족 | **金利**きんり 금리 | **上**あ**がる** 올라가다 | **主演**しゅえん 주연 | **今回**こんかい 이번

Pattern Practice 1

A 다음을 〈보기〉와 같이 바꿔 보세요.

보기		
	雨(あめ)が降(ふ)る	⇒ 雨(あめ)が降(ふ)る<u>かもしれません</u>。
	無理(むり)なダイエットは危険(きけん)だ	⇒ 無理(むり)なダイエットは危険(きけん)<u>かもしれません</u>。

1 会社(かいしゃ)を辞(や)める

⇒ ______________________________

2 母(はは)は知(し)っている

⇒ ______________________________

3 明日(あした)は忙(いそが)しい

⇒ ______________________________

4 彼女(かのじょ)は来(こ)ない

⇒ ______________________________

5 意外(いがい)と簡単(かんたん)だ

⇒ ______________________________

6 彼(かれ)の病気(びょうき)は癌(がん)だ

⇒ ______________________________

B **다음 일기예보 표를 보고 날씨를 표현해 보세요.**

보기 今日(きょう)は晴(は)れるでしょう。

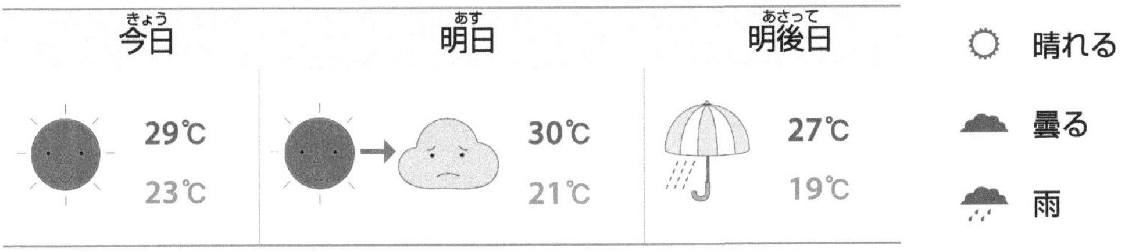

1 明日(あす)の午前中(ごぜんちゅう)は ________________ 。

2 明日(あす)の午後(ごご)は ________________ 。

3 明後日(あさって)は ________________ 。

Listening Training

잘 듣고 다음 설명이 맞으면 ○ , 틀리면 × 표시를 하세요. CD 45

1 ______ 홋카이도에 가면 다시는 그와 못 만날지도 모릅니다.

2 ______ 이번 시험은 조금 어려울지도 모릅니다.

3 ______ 오늘 회식은 새벽까지 합니다.

4 ______ 컴퓨터를 수리하지 않아서 사용할 수 없습니다.

WORDS

意外いがい 의외, 뜻밖 | **病気**びょうき 병, 질환 | **癌**がん 암 | **明日**あす 내일 | **曇**くも**る** 흐리다

Dialogue 2

CD 46

ノ・ダミ　修二(しゅうじ)さん、今日(きょう)は私(わたし)がごちそうします。

あれ？ どこに行(い)っちゃったんだろう。

修二　どうしたんですか。

ノ・ダミ　確(たし)かに財布(さいふ)をバッグに入(い)れておいたはずなのに、

見(み)つからないんです。

修二　なくしたんですか。

ノ・ダミ　さっき財布(さいふ)に入(い)れてあるJR(ジェーアール)パスを使(つか)ったから、

そんなはずがないんですが。

Grammar in Dialogue

CD 47

1 ～はずだ　～일 것이다, ～할 것이다

留学(りゅうがく)にはお金(かね)がかかるはずだ。

高(たか)くても品質(ひんしつ)は間違(まちが)いないはずです。

有名(ゆうめい)な店(みせ)だからおいしいはずだ。

お金持(かねも)ちじゃなくても、好(す)きな人(ひと)と一緒(いっしょ)なら幸(しあわ)せなはずです。

その話(はなし)は本当(ほんとう)のはずです。

2 ～はずがない　～일 리가 없다, ～할 리가 없다

あの人(ひと)に彼女(かのじょ)がいるはずがないですよ。

先生(せんせい)がそれを知(し)らないはずがない。

ブランド品(ひん)だから安(やす)いはずがないです。

テストがそんなに簡単(かんたん)なはずがないです。

千秋(ちあき)さんが言(い)ったことだから嘘(うそ)のはずがないです。

WORDS

ごちそうする 음식을 대접하다, 한턱내다 | **バッグ** 가방 | **JR**ジェーアール**パス** JR패스 | **品質**ひんしつ 품질 | **間違**まちが**いない** 틀림없다 | **ブランド品**ひん 명품

Pattern Practice 2

A 다음을 〈보기〉와 같이 바꿔 보세요.

보기 財布(さいふ)をバッグに入(い)れておく / 見(み)つからない
⇒ 財布(さいふ)をバッグに入(い)れておいたはずなのに、見(み)つからないんです。

1 りんごが5つ(いつ)ある / 1つ(ひと)足(た)りない
⇒ ____________________

2 昨日(きのう)掃除(そうじ)する / もう部屋(へや)が汚(きたな)い
⇒ ____________________

3 もう家(いえ)に着(つ)く / 連絡(れんらく)がない
⇒ ____________________

B 다음을 〈보기〉와 같이 바꿔 보세요.

보기 幸(しあわ)せだ
⇒ お金持(かねも)ちじゃなくても、好(す)きな人(ひと)と一緒(いっしょ)なら幸(しあわ)せなはずです。

1 有名(ゆうめい)だ
⇒ 彼女(かのじょ)はこの辺(あた)りで ____________ だ。

2 上手(じょうず)だ
⇒ 彼(かれ)はアメリカに留学(りゅうがく)していたから、英語(えいご)が ____________ です。

C 다음을 〈보기〉와 같이 바꿔 보세요.

보기 知(し)る
⇒ 先生(せんせい)がそれを知(し)らないはずがない。

1 分(わ)かる
⇒ こんなに簡単(かんたん)な問題(もんだい)が ______________________ 。

2 食(た)べる
⇒ あの子(こ)はケーキが大好(だいす)きだから、______________________ 。

3 できる
⇒ あんなにいい人(ひと)が結婚(けっこん) ______________________ 。

Listening Training

잘 듣고 다음 설명이 맞으면 ○, 틀리면 × 표시를 하세요. CD 48

1 ______ 기무라 씨는 아까부터 와 있습니다.

2 ______ 지갑은 책상 아래에 있습니다.

3 ______ 남자친구에게 명품 가방을 선물받았습니다.

4 ______ 선배는 최근 일이 바쁩니다.

WORDS

りんご 사과 | **足**たり**ない** 부족하다, 모자라다 | **汚**きたな**い** 더럽다 | **大好**だいす**きだ** 매우 좋아하다 | **あんなに** 저렇게, 그토록 | **来**こ**られる** 올 수 있다

Writing Note

다음 한자를 쓰면서 외워 봅시다.

予 미리 **예**	음 ヨ　획수 4 フ マ 𠃌 予 予 予 予
報 갚을 **보**	음 ホウ　훈 むくいる　획수 12 一 十 土 キ 去 查 幸 幸 幸7 報 報 報 報 報 報
財 재물 **재**	음 ザイ/サイ　획수 10 丨 冂 冃 月 目 貝 貝 貝一 財 財 財 財 財
布 베 **포**	음 フ　훈 ぬの　획수 5 ノ ナ 𠂇 右 布 布 布 布

Reading Quiz

다음을 읽고 질문에 답해 보세요.

関東地方の天気です。今日は曇りのち雨でしょう。
低気圧と梅雨前線の影響で、大雨が降るところもあるでしょう。
この雨は三日間続きますが、週末は晴れる見込みです。

Quiz　간토 지방의 오늘의 날씨는?

① 흐림　② 비　③ 흐린 뒤 비

** **関東地方**かんとうちほう 간토 지방　**曇り**くもり 흐림, 구름　**のち** 다음에, 후에　**低気圧**ていきあつ 저기압
梅雨前線ばいうぜんせん 장마 전선　**影響**えいきょう 영향　**大雨**おおあめ 큰비　**見込み**みこみ 전망, 조짐

Speaking Tool Box

★ 그림을 보면서 이유를 생각해서 말해 보세요.

예	このあたりでは有名かもしれません。 会社を辞めたかもしれません。

友達が元気がないです。

子供が泣いています。

彼は私にだけ優しくないんです。

恋人が約束に遅れました。

一人でお酒を飲んでいます。

人が集まっています。

今月は赤字です。

彼女が怒っています。

UNIT 09

ワインバーに行こうと思ってる。

와인 바에 가려고 해요.

학 / 습 / 포 / 인 / 트 ① 동사의 의지형 ② ~(よ)うと思う ③ ~(よ)うかと思う ④ ~に比べて

Dialogue 1

CD 49

千秋 ノ・ダミさん、ワイン好(す)きですか。
今日(きょう)ワインバーに行(い)こうと思(おも)ってるんですが、
よかったら一緒(いっしょ)に行(い)きませんか。

ノ・ダミ いいですよ。高橋(たかはし)さんも行(い)きますか。

千秋 高橋(たかはし)さんも誘(さそ)おうと思(おも)ったんですが、ダイエット中(ちゅう)だから。

ノ・ダミ 残念(ざんねん)ですね。千秋(ちあき)さんはどんなワインが好(す)きですか。

千秋 白(しろ)ワインが好(す)きで、ソービニョン・ブランが一番(いちばん)好(す)きです。

Grammar in Dialogue

CD 50

1 동사의 의지형

1그룹 동사 (5단 동사)	어미 う단 → お단 + う	会(あ)う	→	会(あ)おう	만나려
		行(い)く	→	行(い)こう	가려
		脱(ぬ)ぐ	→	脱(ぬ)ごう	벗으려
		話(はな)す	→	話(はな)そう	이야기하려
		待(ま)つ	→	待(ま)とう	기다리려
		死(し)ぬ	→	死のう	죽으려
		呼(よ)ぶ	→	呼(よ)ぼう	부르려
		飲(の)む	→	飲(の)もう	마시려
		乗(の)る	→	乗(の)ろう	타려
		帰(かえ)る	→	帰(かえ)ろう	돌아가려
2그룹 동사 (1단 동사)	어간 + よう	見(み)る	→	見(み)よう	보려
		食(た)べる	→	食(た)べよう	먹으려
3그룹 동사 (불규칙 동사)		来(く)る	→	来(こ)よう	오려
		する	→	しよう	하려

2 ~(よ)うと思う　~하려고 생각하다

田舎(いなか)に引(ひ)っ越(こ)そうと思(おも)っています。

前向(まえむ)きに頑張(がんば)ろうと思(おも)っても不安(ふあん)になります。

仕事(しごと)を辞(や)めようと思(おも)っています。

ダイエットしようと思(おも)っても続(つづ)きません。

WORDS

ワインバー 와인 바 | **誘**さそ**う** 권유하다, 꼬시다 | **残念**ざんねん**だ** 유감이다 | **白**しろ**ワイン** 화이트 와인 | **ソービニョン・ブラン** 소비뇽 블랑 | **田舎**いなか 시골 | **引**ひ**っ越**こ**す** 이사하다 | **前向**まえむ**き** 적극적임, 긍정적임 | **続**つづ**く** 계속되다

Pattern Practice 1

A 다음 동사를 의지형으로 바꿔 보세요.

기본형	의지형	기본형	의지형
書(か)く	書(か)こう	飛(と)ぶ	
飲(の)む		使(つか)う	
話(はな)す		立(た)つ	
作(つく)る		寝(ね)る	
呼(よ)ぶ		見(み)る	
勉強(べんきょう)する		聞(き)く	
遊(あそ)ぶ		乗(の)る	
来(く)る		泳(およ)ぐ	

B 다음을 〈보기〉와 같이 바꿔 보세요.

보기 今日(きょう)からダイエットを始(はじ)めましょう。
⇒ 今日(きょう)からダイエットを始(はじ)めよう。

1 駅前(えきまえ)で会(あ)いましょう。
⇒ ______________________

2 みんなで食(た)べましょう。
⇒ ______________________

3 飲(の)み会(かい)をしましょう。
⇒ ______________________

C 다음을 〈보기〉와 같이 바꿔 보세요.

보기 仕事(しごと)を辞(や)める
⇒ 私(わたし)は仕事(しごと)を辞(や)めようと思(おも)っています。

1 医者(いしゃ)になる ⇒ ______________________

2 日本(にほん)で就職(しゅうしょく)する ⇒ ______________________

3 父(ちち)の仕事(しごと)を手伝(てつだ)う ⇒ ______________________

4 部屋(へや)で休(やす)む ⇒ ______________________

Listening Training

잘 듣고 내용에 맞는 그림을 고르세요. CD 51

보기

ⓐ

ⓑ

ⓒ

ⓓ

1 ________ 2 ________ 3 ________ 4 ________

WORDS

飛とぶ 날다 | **みんな** 모두, 전부 | **医者**いしゃ 의사 | **就職**しゅうしょく**する** 취직하다 | **手伝**てつだ**う** 돕다

Dialogue 2

CD 52

ノ・ダミ　ケータイを替(か)えようと思(おも)ってるんですが、最新型(さいしんがた)のケータイにはどんなものがありますか。

店員　最近(さいきん)はアイフォーンなどのタッチ式(しき)ケータイが人気(にんき)ありますよ。

ノ・ダミ　アイフォーンを買(か)おうかと思(おも)ったんですが、基本料金(きほんりょうきん)が高(たか)くて。

店員　他(ほか)のケータイに比(くら)べてちょっと高(たか)いかもしれませんが、多彩(たさい)なアプリケーションが魅力(みりょく)です。こちらはいかがですか。価格(かかく)もお手(て)ごろですけど。

Grammar in Dialogue

CD 53

1 ~(よ)うかと思う ~할까 하다

スマートフォーンを買(か)おうかと思(おも)ったんですが、予算(よさん)が足(た)りません。

元彼(もとかれ)に電話(でんわ)してみようかと思(おも)ったんですが、やめました。

予約(よやく)をキャンセルしようかと思(おも)っています。

2 ~に比べて ~에 비해

中国(ちゅうごく)は韓国(かんこく)に比(くら)べて物価(ぶっか)が安(やす)いです。

前(まえ)に比(くら)べて仕事(しごと)が忙(いそが)しくなりました。

結婚前(けっこんまえ)に比(くら)べて体重(たいじゅう)が増(ふ)えてしまいました。

WORDS

替かえる 바꾸다, 교체하다 | **最新型**さいしんがた 최신형 | **アイフォーン** 아이폰 | **タッチ式**しき 터치식 | **基本料金**きほんりょうきん 기본요금 | **多彩**たさい**だ** 다채롭다 | **アプリケーション** 애플리케이션 | **魅力**みりょく 매력 | **いかがですか** 어떠십니까? | **手**て**ごろだ** 적당하다 | **スマートフォーン** 스마트폰 | **予算**よさん 예산 | **足**た**りない** 부족하다, 모자라다 | **元彼**もとかれ 전 남자친구 | **キャンセルする** 캔슬하다, 취소하다 | **物価**ぶっか 물가 | **体重**たいじゅう**が増**ふ**える** 체중이 늘다

Pattern Practice 2

A 다음을 〈보기〉와 같이 바꿔 보세요.

> 보기　新(あたら)しい車(くるま)を買(か)う / 気(き)に入(い)ったのがない
> ⇒ 新(あたら)しい車(くるま)を買(か)おうかと思(おも)ったんですが、気(き)に入(い)ったのがなかったんです。

1　休(やす)みに温泉(おんせん)に行(い)く / 予算(よさん)が足(た)りない

⇒ ______________________________

2　ホテルに泊(と)まる / 料金(りょうきん)が高(たか)い

⇒ ______________________________

3　新(あたら)しい家(いえ)に引(ひ)っ越(こ)す / いい家(いえ)が見(み)つからない

⇒ ______________________________

4　30歳(さんじゅっさい)までに結婚(けっこん)する / いい相手(あいて)がいない

⇒ ______________________________

5　パイロットになる / 目(め)が悪(わる)くてなれない

⇒ ______________________________

6　ホテルを予約(よやく)する / 満室(まんしつ)だ

⇒ ______________________________

B 다음을 〈보기〉와 같이 바꿔 보세요.

보기 韓国(かんこく)のサッカー / 前(まえ) / 強(つよ)くなる

⇒ 韓国(かんこく)のサッカーは前(まえ)に比(くら)べて強(つよ)くなりました。

1 物価(ぶっか) / 去年(きょねん) / 高(たか)くなる

⇒ ______________________

2 最近(さいきん) / 若(わか)い頃(ころ) / 体重(たいじゅう)が増(ふ)える

⇒ ______________________

3 日本(にほん)の交通事故(こうつうじこ) / 10年前(じゅうねんまえ) / 40%(よんじゅっパーセント)減(へ)る

⇒ ______________________

Listening Training

잘 듣고 다음 설명이 맞으면 ○, 틀리면 × 표시를 하세요. CD 54

보기

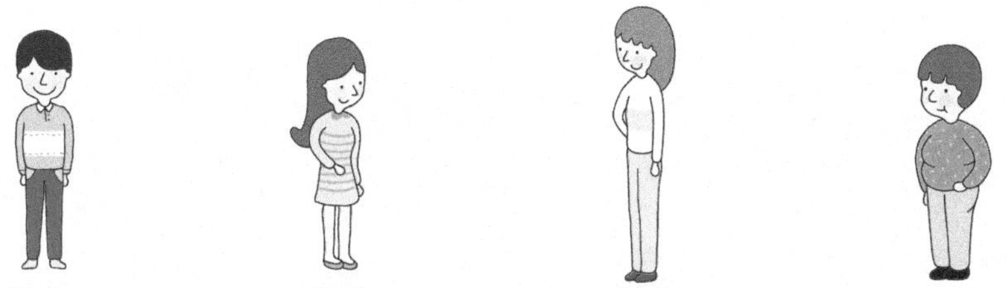

1 ______ 2 ______ 3 ______ 4 ______

WORDS

温泉おんせん 온천 | **泊とまる** 숙박하다, 묵다 | **相手**あいて 상대 | **パイロット** 파일럿 | **目めが悪わるい** 눈이 나쁘다 | **満室** まんしつ 만실, 빈방이 없음 | **去年**きょねん 작년 | **頃**ころ 때, 무렵 | **減へる** 줄다

Writing Note

다음 한자를 쓰면서 외워 봅시다.

残 남을 **잔**	음 ザン　훈 のこる/のこす　획수 10 一 ア 歹 歹 歹 歹 歹 残 残 残 残 残 残
念 생각할 **념**	음 ネン　획수 8 ノ 人 𠆢 今 今 念 念 念 念 念 念
魅 매혹할 **매**	음 ミ　획수 15 ノ 亻 白 白 白 由 申 鬼 鬼 鬼 鬼 魅 魅 魅 魅 魅 魅 魅
力 힘 **력**	음 リョク/リキ　훈 ちから　획수 2 フ 力 力 力 力

Reading Quiz

다음을 읽고 질문에 답해 보세요.

ノ・ダミさんとワインバーに行ってきた。
高橋さんも誘おうと思ったが、ダイエット中だから、
二人で行くことにした。僕は赤よりは白ワインが好きで、
一番好きなワインはソービニョン・ブランだ。

Quiz　와인 바에는 몇 명이 갔습니까?

① 한 명　　② 두 명　　③ 세 명

Speaking Tool Box

★ 다음 계획표를 보고 〈보기〉와 같이 말해 보세요.

보기

1月は英会話を習おうと思っています。

7月は友達と旅行に行こうと思っています。

1月	2月	3月	4月
英会話を習う	運転免許をとる	ジムに通う	日本へ出張する
5月	**6月**	**7月**	**8月**
バーベキューをする	ダイエットを始める	友達と旅行に行く	サルサダンスを習う
9月	**10月**	**11月**	**12月**
ケータイを替える	健康診断を受ける	料理教室に通う	大掃除をする

UNIT 10

確かに大変そうです。

분명히 힘들 것 같아요.

학 / 습 / 포 / 인 / 트 ① ~そうだ(추량) ② ~そうだ(전문) ③ ~ようだ ④ ~みたいだ

Dialogue 1

CD 55

高橋 最近(さいきん)、寂(さび)しくて…。ペットでも飼(か)おうかなあ。

ノ・ダミ ペットはかわいいけど、
面倒(めんどう)を見(み)るのがけっこう大変(たいへん)ですよ。

高橋 確(たし)かに大変(たいへん)そうですが、でも飼(か)いたいです。
そういえば、ノ・ダミさんは猫(ねこ)を飼(か)ってるそうですね。
もし子猫(こねこ)を産(う)んだら、ぜひ僕(ぼく)に…。

ノ・ダミ それはちょっと…。うちの猫(ねこ)はオスですから。

1 **~そうだ** ~할 것 같다(추량)

雨(あめ)が降(ふ)りそうだから、傘(かさ)を持(も)って行(い)った方(ほう)がいいですよ。

あの映画(えいが)、面白(おもしろ)そうじゃない？

彼(かれ)はまじめそうに見(み)えます。

彼女(かのじょ)はかわいいし、性格(せいかく)もよさそうだ。

明日(あした)は天気(てんき)がよくなさそうだけど、バーベキューしますか。

2 **~そうだ** ~라고 한다(전문)

明日(あした)、雨(あめ)が降(ふ)るそうです。

適度(てきど)な飲酒(いんしゅ)は体(からだ)にいいそうです。

これが最近(さいきん)はやっているスタイルだそうです。

このプログラムをダウンロードすれば問題(もんだい)ないそうです。

WORDS

飼か**う** 기르다 | **面倒**めんどう**を見**み**る** 돌보다, 보살피다 | **確**たし**かに** 분명히, 확실히 | **子猫**こねこ 새끼 고양이 | **産**う**む** 낳다 | **ぜひ** 꼭, 반드시 | **オス** 수컷 | **バーベキュー** 바비큐 | **適度**てきど**だ** 알맞다, 적당하다 | **飲酒**いんしゅ 음주 | **はやる** 유행하다 | **プログラム** 프로그램

Pattern Practice 1

A 다음을 〈보기〉와 같이 바꿔 보세요.

보기 日本人(にほんじん)だ

⇒ カンナムさんは日本人(にほんじん)だ<u>そうです</u>。

1 歌手(かしゅ)だ

⇒ カンナムさんは ____________________

2 韓国語(かんこくご)が上手(じょうず)だ

⇒ カンナムさんは ____________________

3 派手(はで)な服(ふく)が好(す)きだ

⇒ カンナムさんは ____________________

4 仕事(しごと)ができる

⇒ サユリさんは ____________________

5 恋人(こいびと)がいない

⇒ サユリさんは ____________________

6 ビールが好(す)きだ

⇒ サユリさんは ____________________

B 다음을 〈보기〉와 같이 바꿔 보세요.

보기
降(ふ)る ⇒ 今(いま)にも雨(あめ)が<u>降(ふ)りそう</u>です。
面白(おもしろ)い ⇒ あの映画(えいが)、<u>面白(おもしろ)そう</u>じゃない？

1 死(し)ぬ ⇒ 疲(つか)れて ________________ です。

2 ぶつかる ⇒ 車(くるま)に ________________ になりました。

3 忙(いそが)しい ⇒ ________________ だし、後(あと)で電話(でんわ)します。

4 優(やさ)しい ⇒ あの人(ひと)、________________ な顔(かお)をしていますね。

Listening Training

잘 듣고 내용에 맞는 그림을 고르세요. CD 57

보기

ⓐ

ⓑ

ⓒ

ⓓ

1 ________ 2 ________ 3 ________ 4 ________

WORDS

派手はでだ 화려하다, 눈에 띄다 | **服**ふく 옷 | **仕事**しごと**ができる** 일을 잘하다

Dialogue 2

CD 58

ノ・ダミ　あれ？ 高橋(たかはし)さん、どうしたんですか。
目(め)の下(した)にクマができてますよ。

高橋　最近(さいきん)、寝不足(ねぶそく)で…。

ノ・ダミ　不眠症(ふみんしょう)ですか。何(なに)か悩(なや)みでも？

高橋　実(じつ)は、最近(さいきん)ゲームにはまってて、
昨日(きのう)も夜遅(よるおそ)くまでゲームしちゃって。

ノ・ダミ　ゲーム中毒(ちゅうどく)のようですね。
目(め)がパンダみたいになってますよ。

1 ～ようだ ～ 같다

かなり多(おお)くの人(ひと)がこのゲームにはまっているようです。

値段(ねだん)が少(すこ)し安(やす)いようですが、偽物(にせもの)じゃないですか。

お姉(ねえ)さんは料理(りょうり)が上手(じょうず)なようです。

★ 명사 뒤에 ようだ가 올 때는 ～のようだ의 형태가 된다.

最近(さいきん)不眠症(ふみんしょう)のようで、夜(よる)、全然(ぜんぜん)眠(ねむ)れないんです。

毎日(まいにち)のようにお酒(さけ)を飲(の)んでいます。

今日(きょう)も、昨日(きのう)のようないい天気(てんき)です。

2 ～みたいだ ～ 같다

彼(かれ)はかなり疲(つか)れているみたいです。

どんなことでも、慣(な)れるまではやっぱり難(むずか)しいみたいです。

彼(かれ)は私(わたし)のことが好(す)きみたいです。

みんないい人(ひと)みたいでよかった。

症状(しょうじょう)が嘘(うそ)みたいによくなりました。

WORDS

クマ 다크서클 | **寝不足**ねぶそく 수면 부족 | **不眠症**ふみんしょう 불면증 | **悩**な**や**む 고민하다 | **はまる** 빠지다, 꼭 맞다 | **ゲーム中毒**ちゅうどく 게임 중독 | **パンダ** 판다 | **偽物**にせもの 가짜 | **慣**な**れる** 습관이 되다, 길들다 | **症状**しょうじょう 증상

Pattern Practice 2

A 다음을 〈보기〉와 같이 바꿔 보세요.

보기
来(き)た ⇒ 誰(だれ)かが来(き)たようです。
上手(じょうず)だ ⇒ 英語(えいご)が上手(じょうず)なようです。

1 帰(かえ)った ⇒ もうみんな ＿＿＿＿＿＿＿＿ 。

2 好(す)きだ ⇒ 先輩(せんぱい)はお酒(さけ)が ＿＿＿＿＿＿＿＿ 。

3 喜(よろこ)んでいる ⇒ 彼(かれ)は合格(ごうかく)して ＿＿＿＿＿＿＿＿ 。

B 다음을 〈보기〉와 같이 바꿔 보세요.

보기
部長(ぶちょう) / 毎日(まいにち) / お酒(さけ)を飲(の)む
⇒ 部長(ぶちょう)は毎日(まいにち)のようにお酒(さけ)を飲(の)んでいます。

1 彼女(かのじょ) / 死(し)んだ / 眠(ねむ)る
⇒ ＿＿＿＿＿＿＿＿＿＿＿＿＿＿＿＿

2 父(ちち) / 子供(こども) / ゲームをする
⇒ ＿＿＿＿＿＿＿＿＿＿＿＿＿＿＿＿

3 アイフォーン / 飛(と)ぶ / 売(う)れる
⇒ ＿＿＿＿＿＿＿＿＿＿＿＿＿＿＿＿

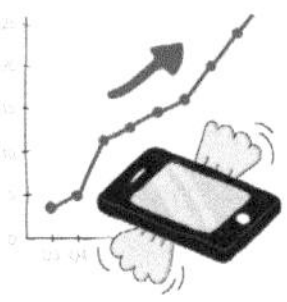

C **다음을 〈보기〉와 같이 바꿔 보세요.**

보기 高橋(たかはし)さんはゲームばかりする / ゲーム中毒(ちゅうどく)

⇒ 最近(さいきん)、高橋(たかはし)さんはゲームばかりして…。ゲーム中毒(ちゅうどく)みたいです。

1 彼(かれ)と会(あ)えない / 忙(いそが)しい

⇒ ______________________________

2 娘(むすめ)が言(い)うことを聞(き)かない / 反抗期(はんこうき)

⇒ ______________________________

3 小(ちい)さい字(じ)が見(み)えない / 目(め)が悪(わる)くなった

⇒ ______________________________

Listening Training

잘 듣고 다음 설명이 맞으면 ○, 틀리면 × 표시를 하세요. CD 60

1 ______ 저 두 사람은 형제라 아주 닮았습니다.

2 ______ 그는 오늘 기운이 넘치는 것 같습니다.

3 ______ 많은 사람들이 아이돌 가수에 빠져 있는 것 같습니다.

4 ______ 병이 거짓말같이 좋아져서 기쁩니다.

WORDS

喜よろこ**ぶ** 기뻐하다 | **反抗期**はんこうき 반항기

Writing Note

다음 한자를 쓰면서 외워 봅시다.

面 낮 면	음 メン	훈 おも/つら/おもて	획수 9

一 ブ ア 币 而 面 面 面 面

面　　面　　面

倒 넘어질 도	음 トウ	훈 たおれる/たおす	획수 10

ノ イ イ 仁 仁 仵 佢 佢 倒 倒

倒　　倒　　倒

中 가운데 중	음 チュウ/ジュウ	훈 なか	획수 4

丶 口 口 中

中　　中　　中

毒 독 독	음 ドク	획수 8	

一 十 丰 主 丰 青 青 毒

毒　　毒　　毒

Reading Quiz

다음을 읽고 질문에 답해 보세요.

最近なんか寂しくて、ペットでも飼ってみようかなあと思っている。
面倒を見るのが大変そうだが、でも飼いたい。
犬と猫、どっちも好きだけど、大人しい猫より活発で明るい犬の方が
僕と相性が合いそうだ。

Quiz　윗글의 글쓴이가 키우고 싶어하는 애완동물은?

① 강아지　　　　② 원숭이　　　　③ 햄스터

＊ 活発かっぱつだ 활발하다　明あかるい 밝다, 명랑하다　相性あいしょうが合あう 궁합이 맞다

Speaking Tool Box

★ 먼저 상대방의 성격이나 취향을 추측하여 적은 다음, 그것이 맞는지 질문해서 확인해 봅시다.

예

お酒が強そうです。

頭がいいみたいです。

料理が上手なようです。

	나의 추측	O/X
1		
2		
3		
4		
5		
6		
7		

UNIT 11

料理のできる男がモテるらしい。

요리를 잘하는 남자가 인기가 있는 것 같다.

학 / 습 / 포 / 인 / 트　① ～らしい　② 명사+らしい　③ ～予定だ　④ ～つもりだ

Dialogue 1

CD 61

高橋　千秋(ちあき)さんは料理(りょうり)が上手(じょうず)だそうですね。

千秋　いや、大(たい)したことありませんよ。

高橋　最近(さいきん)は料理(りょうり)のできる男(おとこ)がモテるらしいから、
僕(ぼく)も料理教室(りょうりきょうしつ)に通(かよ)ってみようかと思(おも)ってるんです。

千秋　それもいいと思(おも)いますが、
自分(じぶん)らしく生(い)きるのが一番(いちばん)じゃないですか。
高橋(たかはし)さんは男(おとこ)らしいところが魅力(みりょく)だと思(おも)いますよ。

1 ～らしい ～인 것 같다

高橋(たかはし)さんは最近(さいきん)ダイエットをしているらしいです。

この番組(ばんぐみ)は再放送(さいほうそう)しないらしいです。

イタリア男性(だんせい)はすごく女性(じょせい)に優(やさ)しいらしいです。

今年(ことし)も就職(しゅうしょく)が難(むずか)しいらしいです。

2 명사 + らしい ～답다

かわいくて女性(じょせい)らしい服(ふく)が好(す)きです。

子供(こども)は子供(こども)らしくないとかわいくない。

今年(ことし)の冬(ふゆ)は暖(あたた)かくて冬(ふゆ)らしくない。

WORDS

モテる 인기 있다 | **大**たい**した** 대단한, 특별한 | **通**かよ**う** 다니다, 오가다 | **自分**じぶん 자신 | **生**い**きる** 살다 | **番組**ばんぐみ 방송 | **再放送**さいほうそう 재방송 | **イタリア** 이탈리아

Pattern Practice 1

A 다음을 〈보기〉와 같이 바꿔 보세요.

보기 暖(あたた)かい
⇒ 明日(あした)は<u>暖(あたた)かいらしい</u>。

1 結婚(けっこん)する
⇒ よく分(わ)かりませんが、あの二人(ふたり)は ________ です。

2 面白(おもしろ)くない
⇒ あの映画(えいが)は ________ ですよ。

3 作(つく)る
⇒ 彼(かれ)は自分(じぶん)で会社(かいしゃ)を ________ です。

4 新宿(しんじゅく)
⇒ 飲(の)み会(かい)の場所(ばしょ)は ________ ですよ。

5 有名(ゆうめい)だ
⇒ あの人(ひと)は小説家(しょうせつか)としてかなり ________ ですよ。

6 難(むずか)しい
⇒ 試験(しけん)は ________ です。

B 다음을 〈보기〉와 같이 바꿔 보세요.

보기 春(はる)

⇒ 今日(きょう)は春(はる)らしい天気(てんき)だ。

1 子供(こども)

⇒ 最近(さいきん)は ________ 子供(こども)が少(すく)なくなった。

2 女(おんな)

⇒ かわいくて ________ 服(ふく)が好(す)きです。

3 病気(びょうき)

⇒ 今(いま)まで ________ 病気(びょうき)をしたことがない。

Listening Training

잘 듣고 다음 설명이 맞으면 ○, 틀리면 × 표시를 하세요. CD 63

1 ____ 올해 봄은 추워서 봄 같지 않다.

2 ____ 중국 남자는 맛있는 요리를 잘 먹는다고 합니다.

3 ____ 자상하고 남자다운 남자가 좋습니다.

4 ____ 축구 시합은 토요일 아침에 방송된다고 합니다.

WORDS

場所ばしょ 장소 | **小説家**しょうせつか 소설가 | **病気**びょうき 병

Dialogue 2

CD 64

高橋　妹(いもうと)の結婚式(けっこんしき)があって、来週(らいしゅう)、日本(にほん)へ行(い)くんです。

ノ・ダミ　それはおめでとうございます。妹(いもうと)さんはおいくつですか。

高橋　21歳(にじゅういっさい)です。まだ大学生(だいがくせい)ですが、子供(こども)ができちゃって、
10月(じゅうがつ)に生(う)まれる予定(よてい)なんです。

ノ・ダミ　できちゃった結婚(けっこん)ですか。

高橋　そうなんですよ。僕(ぼく)が先(さき)に結婚(けっこん)するつもりだったのに、
妹(いもうと)が先(さき)になっちゃって。
だから、僕(ぼく)も今年中(ことしじゅう)に結婚(けっこん)するつもりです。

ノ・ダミ　彼女(かのじょ)はいるんですか。

高橋　いや、それがまだ…。

1 ~予定だ ~할 예정이다

来年(らいねん)、日本(にほん)へ留学(りゅうがく)する予定(よてい)です。

明日(あした)の４時(よじ)に試合(しあい)が始(はじ)まる予定(よてい)です。

４月(しがつ)の終(お)わりに結婚(けっこん)する予定(よてい)です。

2 ~つもりだ ~할 생각이다, ~할 작정이다

近(ちか)いうちに病院(びょういん)に行(い)ってみるつもりです。

毎日(まいにち)、ブログに日記(にっき)を書(か)くつもりです。

ダイエットするので、夜８時以降(よるはちじいこう)は何(なに)も食(た)べないつもりです。

大学(だいがく)を卒業(そつぎょう)したら、大学院(だいがくいん)に進学(しんがく)するつもりです。

これからどうするつもりですか。

WORDS

できちゃった結婚けっこん 속도위반 결혼 | **今年中**ことしじゅう 올해 중 | **終**お**わり** 끝 | **ブログ** 블로그 | **以降**いこう 이후 | **大学院**だいがくいん 대학원 | **進学**しんがく**する** 진학하다

Pattern Practice 2

A 노다미 씨와 치아키 씨의 일정표입니다. 잘 보고 〈보기〉와 같이 바꿔 보세요.

보기　千秋さんは来週、出張に行く予定です。

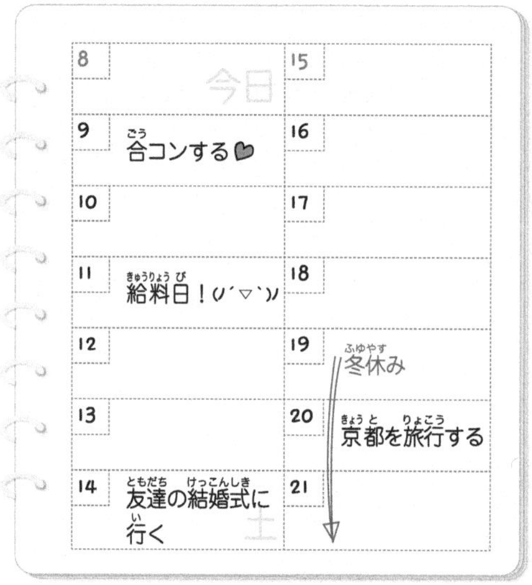

〈노다미 씨의 일정표〉

〈치아키 씨의 일정표〉

1　ノ・ダミさんは明日、仕事の後で ______________________。

2　ノ・ダミさんは今週の土曜日に ______________________。

3　ノ・ダミさんは冬休みに ______________________。

4　会議は明日 ______________________。

5　千秋さんは20日に ______________________。

B 다음을 〈보기〉와 같이 바꿔 말해 보세요.

> 보기　卒業後は大学院に行く
> そつぎょう ご　　　だいがくいん　　い
>
> ⇒ A　<u>卒業後は大学院に行くんですか。</u>
>
> 　 B　<u>はい</u>、<u>行くつもりです</u>。/ <u>いいえ</u>、<u>行かないつもりです</u>。

1　お盆に実家へ帰る　⇒ A ____________________

　　　　　　　　　　　B ____________________

2　新しい車を買う　⇒ A ____________________

　　　　　　　　　　　B ____________________

3　今夜の飲み会に参加する　⇒ A ____________________

　　　　　　　　　　　　　　B ____________________

Listening Training

잘 듣고 다음 설명이 맞으면 ○, 틀리면 × 표시를 하세요. CD 66

1 ______ 내년에 그리스로 유학 갈 예정입니다.

2 ______ 일요일 2시에 야구 시합이 시작될 예정입니다.

3 ______ 다이어트할 거라서 햄버거 같은 것은 먹지 않을 생각입니다.

4 ______ 재미있는 일이 있으면 일기를 쓸 생각입니다.

WORDS

給料きゅうりょう 급료, 임금 | **お盆**ぼん 백중맞이(일본의 명절) | **実家**じっか 생가, 고향집 | **参加**さんか**する** 참가하다 | **イギリス** 영국 | **ハンバーガー** 햄버거

Writing Note

다음 한자를 쓰면서 외워 봅시다.

教 가르칠 교	음 キョウ　훈 おしえる/おそわる　획수 11  教 教 教
室 집 실	음 シツ　훈 むろ　획수 9  室 室 室
番 차례 번	음 バン　획수 12 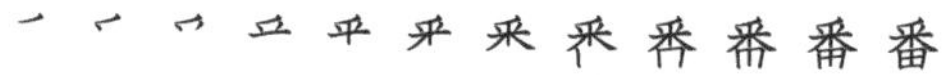 番 番 番
組 짤 조	음 ソ　훈 くむ/くみ　획수 11  組 組 組

Reading Quiz

다음을 읽고 질문에 답해 보세요.

来週、妹の結婚式があって、日本へ行く。
妹は21歳で、まだ大学生だけど、子供ができて結婚することになった。
子供は10月に生まれる予定だ。かわいい女の子ならいいなあ。
僕も早く子供がほしくなった。

Quiz　글쓴이가 일본에 가는 이유는?

① 여동생의 결혼식이 있어서　② 여동생이 아이를 낳아서　③ 결혼식을 올리려고

⁂ ～ことになった ～하게 되다

Speaking Tool Box

★ 〈보기〉와 같이 친구에게 소문을 전달해 보세요.

보기

ノ・ダミさんは最近(さいきん)、ダイエットをしている<u>らしいです</u>。

高橋(たかはし)さんは女性(じょせい)にだけ優(やさ)しい<u>らしいです</u>。

キムさんとパクさんが付(つ)き合(あ)っている

彼女(かのじょ)に振(ふ)られた

歌(うた)が上手(じょうず)だ

クビになった

毎日残業(まいにちざんぎょう)で大変(たいへん)だ

彼氏(かれし)がハンサムだ

日本(にほん)へ留学(りゅうがく)に行(い)く

子供(こども)ができた

UNIT 12

時々恋人と誤解されるんです。

종종 애인으로 오해받아요.

학 / 습 / 포 / 인 / 트　① 동사의 수동형　② ~れる/られる : 수동, 가능, 존경, 자발

Dialogue 1

CD 67

高橋　あっ、この人(ひと)、恋人(こいびと)ですか。

ノ・ダミ　いいえ、弟(おとうと)です。

高橋　弟(おとうと)さんですか。仲(なか)よさそうですね。うらやましいです。

ノ・ダミ　子供(こども)の時(とき)はよく喧嘩(けんか)をして、親(おや)に叱(しか)られたんですが、今(いま)は仲良(なかよ)しです。時々(ときどき)、恋人(こいびと)と誤解(ごかい)されるんです。

高橋　弟(おとうと)さんは学生(がくせい)さんですか。

ノ・ダミ　はい。大学生(だいがくせい)ですが、今(いま)は軍隊(ぐんたい)に入(はい)っています。

1 동사의 수동형

1그룹 동사 (5단 동사)	어미 う단 → あ단 + **れる**	使(つか)う → 使(つか)われる 사용되다 예외 行(い)く → 行(い)かれる 가게 되다 脱(ぬ)ぐ → 脱(ぬ)がれる 벗겨지다 話(はな)す → 話(はな)される 이야기되다 打(う)つ → 打(う)たれる 맞다 死(し)ぬ → 死(し)なれる 죽게 되다 呼(よ)ぶ → 呼(よ)ばれる 불리다 飲(の)む → 飲(の)まれる 마시게 되다 乗(の)る → 乗(の)られる 태워지다 帰(かえ)る → 帰(かえ)られる 돌아가게 되다
2그룹 동사 (1단 동사)	어간 + **られる**	見(み)る → 見(み)られる 보게 되다 食(た)べる → 食(た)べられる 먹게 되다
3그룹 동사 (불규칙 동사)		来(く)る → 来(こ)られる 오게 되다 する → される 당하다, 하게 되다

(私(わたし)は) 父(ちち)に叱(しか)られました。… 父(ちち)は私(わたし)を叱(しか)りました。

このたび、ニューヨークが「男性(だんせい)が住(す)みやすい街(まち)」世界一(せかいいち)に選(えら)ばれました。

スピード違反(いはん)をして、警察(けいさつ)にとめられました。

注意(ちゅうい)したら逆(ぎゃく)に注意(ちゅうい)されてしまいました。

友達(ともだち)に来(こ)られて、宿題(しゅくだい)はできませんでした。

WORDS

叱しか**る** 꾸짖다, 혼내다 | **時々**ときどき 가끔, 때때로 | **誤解**ごかい 오해 | **軍隊**ぐんたい 군대 | **ニューヨーク** 뉴욕 | **世界一** せかいいち 세계 제일 | **スピード違反**いはん 속도 위반 | **警察**けいさつ 경찰 | **逆**ぎゃく**に** 반대로, 거꾸로

Pattern Practice 1

A 다음 동사를 수동형으로 바꿔 보세요.

기본형	수동형	기본형	수동형
書(か)く	書(か)かれる	壊(こわ)す	
踏(ふ)む		助(たす)ける	
死(し)ぬ		聞(き)く	
叱(しか)る		立(た)つ	
行(おこな)う		来(く)る	
使(つか)う		反対(はんたい)する	
呼(よ)ぶ		騒(さわ)ぐ	

B 다음을 〈보기〉와 같이 바꿔 보세요.

보기 叱(しか)る
⇨ 田中(たなか)さんは部長(ぶちょう)に叱(しか)られました。

1 取(と)る ⇨ 泥棒(どろぼう)に財布(さいふ)を ________________ 。

2 踏(ふ)む ⇨ 誰(だれ)かに足(あし)を ________________ 。

3 注意(ちゅうい)する ⇨ 先生(せんせい)に ________________ 。

4 怒(おこ)る ⇨ 約束(やくそく)に遅(おく)れて彼女(かのじょ)に ________________ 。

C 다음을 〈보기〉와 같이 바꿔 보세요.

보기 3階にセミナーを行います。
⇒ 3階にセミナーが行われます。

1 毎年、秋に運動会を開きます。

⇒ ____________________

2 市長には吉田さんを選びました。

⇒ ____________________

3 今日から予約販売を開始します。

⇒ ____________________

Listening Training

잘 듣고 빈칸에 들어갈 말을 써 보세요. CD 69

1 田中さんは部長に ________ ました。

2 葉子さんはペットに ________ て一晩中泣きました。

3 達也君はお母さんに ________ ました。

4 由美さんは親に結婚を ________ ています。

WORDS

泥棒どろぼう 도둑 | **踏ふむ** 밟다 | **運動会**うんどうかい 운동회 | **開ひらく** 열다 | **市長**しちょう 시장 | **販売**はんばい 판매 | **開始**かいし**する** 개시하다

Dialogue 2

CD 70

千秋　ノ・ダミさんも化粧(けしょう)を落(お)とすと
誰(だれ)だか分(わ)からなくなりますか。

ノ・ダミ　それほどじゃないですけど、
やっぱりすっぴんでは外(そと)に出(で)られません。

高橋　そんなことないでしょう。
素顔(すがお)もかわいいと思(おも)いますけど。

ノ・ダミ　そう言(い)われると恥(は)ずかしいですね。

千秋　高橋(たかはし)さん、眼鏡(めがね)を買(か)った方(ほう)がいいんじゃないですか。

Grammar in Dialogue

CD 71

1 ~れる/られる

1. 수동　弟(おとうと)にケーキを食(た)べられました。

　　地下鉄(ちかてつ)で財布(さいふ)を盗(ぬす)まれました。

2. 가능　誰(だれ)でも簡単(かんたん)に覚(おぼ)えられます。

　　刺身(さしみ)は食(た)べられますか。

3. 존경　今朝(けさ)のニュース、聞(き)かれましたか。

　　いつ会(あ)われますか。

4. 자발　中学時代(ちゅうがくじだい)が懐(なつ)かしく思(おも)い出(だ)されます。

　　彼(かれ)の活動(かつどう)に人々(ひとびと)の期待(きたい)が寄(よ)せられています。

　　カンヌ映画祭(えいがさい)はフランスで開催(かいさい)されています。

WORDS

化粧けしょう**を落**お**とす** 화장을 지우다 | **すっぴん** 민낯, 맨얼굴 | **素顔**すがお 민낯, 맨얼굴 | **盗**ぬす**む** 훔치다, 도둑질하다 | **今朝**けさ 오늘 아침 | **中学時代**ちゅうがくじだい 중학생 시절 | **懐**なつ**かしい** 그립다, 정답다 | **思**おも**い出**だ**す** 생각해 내다 | **活動**かつどう 활동 | **寄**よ**せる** 밀려오다, 불러 모으다 | **カンヌ映画祭**えいがさい 칸 영화제 | **開催**かいさい**する** 개최하다

Pattern Practice 2

A 다음 동사를 〈보기〉와 같이 바꿔 보세요.

보기 盗む
⇒ 地下鉄で財布を盗まれました。

1 降る ⇒ 雨に ________ て服がぐちゃぐちゃになりました。

2 ひく ⇒ 車に ________ て骨を折ってしまいました。

3 泣く ⇒ デパートで子供に ________ て慌てました。

B 다음을 〈보기〉와 같이 바꿔 보세요.

보기 今朝のニュース、聞いた？
⇒ 先生、今朝のニュース聞かれましたか。

1 どう思う？ ⇒ ________

2 昨日ソウルに戻ったの？ ⇒ ________

3 どこに行く？ ⇒ ________

C 다음 동사를 〈보기〉와 같이 바꿔 보세요.

보기　思(おも)い出(だ)す
⇒ 中学時代(ちゅうがくじだい)が懐(なつ)かしく<u>思(おも)い出(だ)され</u>ます。

1　案(あん)じる
⇒ 経済(けいざい)の悪化(あっか)が ______________ ます。

2　感(かん)じる
⇒ 疲(つか)れているせいか、かばんがいつもより重(おも)く ______________ ます。

3　建(た)てる
⇒ この会社(かいしゃ)は10年前(じゅうねんまえ)に ______________ ました。

Listening Training

잘 듣고 빈칸에 들어갈 말을 써 보세요. CD 72

1　部長(ぶちょう)は先月(せんげつ)、新(あたら)しい車(くるま)を ____________ たそうです。

2　このブランドは世界的(せかいてき)によく ____________ ています。

3　昔(むかし)のことが懐(なつ)かしく ____________ ます。

4　地下鉄(ちかてつ)で泥棒(どろぼう)に財布(さいふ)を ____________ ました。

WORDS

ぐちゃぐちゃ 질척질척함, 엉망진창임 | **骨**ほね**を折**お**る** 뼈가 부러지다 | **慌**あわ**てる** 당황하다, 허둥거리다 | **案**あん**じる** 염려하다, 생각하다 | **経済**けいざい 경제 | **悪化**あっか 악화

Writing Note

다음 한자를 쓰면서 외워 봅시다.

軍 군사 **군**	음 グン　획수 9 軍 軍 軍
隊 무리 **대**	음 タイ　획수 12 隊 隊 隊
化 될 **화**	음 カ/ケ　훈 ばける/ばかす　획수 4 化 化 化
粧 단장할 **장**	음 ショウ　획수 12 粧 粧 粧

Reading Quiz

다음을 읽고 질문에 답해 보세요.

化粧を落とすと、誰だか分からなくなるほどではないが、
やっぱりすっぴんでは外に出られない。
大学時代、彼に素顔を見られて振られたトラウマがある。

Quiz　글쓴이에 대한 설명으로 맞는 것은?

① 맨얼굴도 예쁘다.　② 자연스러운 화장을 좋아한다.　③ 맨얼굴로는 외출하지 않는다.

＊ ～ほどではない ~정도는 아니다　振ふられる 차이다　トラウマ 트라우마

Speaking Tool Box

★ 오해받은 경험에 대해 말해 보세요.

예
時々、弟と恋人じゃないかと<u>誤解されるんです</u>。
まだ独身なのに、結婚していると<u>誤解されました</u>。

整形している

妊娠している

男性だ

痴漢だ

泥棒だ

浮気者だ

性格が冷たい

彼のことが好きだ

UNIT

13 僕に行かせてください。

제가 가게 해 주세요.

학 / 습 / 포 / 인 / 트　① 동사의 사역형　② ~(さ)せてください　③ 동사의 사역수동형

Dialogue 1

CD 73

高橋	聞(き)きましたか。木村(きむら)さん、首(くび)になったらしいですよ。
ノ・ダミ	えっ、本当(ほんとう)ですか。
高橋	部長(ぶちょう)に「何(なん)で残業(ざんぎょう)させるんですか」って言(い)ったそうです。
ノ・ダミ	それは木村(きむら)さんの言(い)い方(かた)が悪(わる)いですよね。
部長	あ、みんなここにいたんですね。 誰(だれ)かこれ、コピーしてください。
ノ・ダミ	部長(ぶちょう)、私(わたし)が行(い)ってきます。
高橋	いや、僕(ぼく)に行(い)かせてください。

1 동사의 사역형

1그룹 동사 (5단 동사)	어미 う단 → あ단 + せる	会(あ)う	→	会(あ)わせる	만나게 하다 **예외**
		行(い)く	→	行(い)かせる	가게 하다
		脱(ぬ)ぐ	→	脱(ぬ)がせる	벗게 하다
		話(はな)す	→	話(はな)させる	이야기시키다
		待(ま)つ	→	待(ま)たせる	기다리게 하다
		死(し)ぬ	→	死(し)なせる	죽게 하다
		呼(よ)ぶ	→	呼(よ)ばせる	부르게 하다
		飲(の)む	→	飲(の)ませる	마시게 하다, 먹이다
		乗(の)る	→	乗(の)らせる	타게 하다, 태우다
		帰(かえ)る	→	帰(かえ)らせる	돌아가게 하다
2그룹 동사 (1단 동사)	어간 + させる	見(み)る	→	見(み)させる	보게 하다
		食(た)べる	→	食(た)べさせる	먹게 하다
3그룹 동사 (불규칙 동사)		来(く)る	→	来(こ)させる	오게 하다
		する	→	させる	하게 하다, 시키다

2 ~(さ)せてください ~하게 해 주세요

一言(ひとこと)言(い)わせてください。

ちょっと考(かんが)えさせてください。

もう一度(いちど)チェックさせてください。

WORDS

首(くび)になる 해고되다 | **残業**ざんぎょう 잔업, 야근 | **言(い)い方**かた 말투, 말씨 | **コピー** 카피, 복사 | **一言**ひとこと 한마디

Pattern Practice 1

A 다음 동사를 사역형으로 바꿔 보세요.

기본형	사역형	기본형	사역형
書く	書かせる	覚える	
待つ		聞く	
喜ぶ		飲む	
習う		心配する	
使う		来る	
遊ぶ		立つ	
話す		泳ぐ	

B 다음을 〈보기〉와 같이 바꿔 말해 보세요.

보기 残業する / 仕事がある

⇒ A 何で残業させるんですか。

B 仕事があるからです。

1 野菜を食べる / 健康にいい ⇒ A

B

2 練習する / 試合がある ⇒ A

B

3 塾に通う / もうすぐ受験だ ⇒ A

B

C 다음 동사를 〈보기〉와 같이 바꿔 보세요.

보기 考(かんが)える

⇒ ちょっと考(かんが)えさせてください。

1 休(やす)む ⇒ 明日(あした)は ________________ 。

2 発表(はっぴょう)する ⇒ 私(わたし)に ________________ 。

3 使(つか)う ⇒ 会議室(かいぎしつ)を ________________ 。

4 聞(き)く ⇒ その話(はなし)、もっと詳(くわ)しく ________________ 。

Listening Training

잘 듣고 다음 설명이 맞으면 ○, 틀리면 × 표시를 하세요. CD 75

1 ______ 제가 복사하게 해 주세요.

2 ______ 제 일을 해 주세요.

3 ______ 차를 쓰게 해 주세요.

4 ______ 여기에서 농구 연습을 해 주세요.

WORDS

野菜やさい 야채 | **健康**けんこう 건강 | **塾**じゅく 학원 | **受験**じゅけん 수험 | **詳**くわ**しい** 자세하다

Dialogue 2

CD 76

ノ・ダミ	男性は初恋の人が忘れられないって言いますけど、そうなんですか。
高橋	そうですね。僕も彼女には泣かされましたが、いまだに忘れられないんです。
ノ・ダミ	実は昨日、久しぶりに高校時代の同級生から電話が来て、私が初恋の人だったと告白されました。
高橋	わあ～、ノ・ダミさんが忘れられなくてついに勇気を出したんですね。
ノ・ダミ	でも、それが…。彼、保険会社に勤めていて、保険に加入させられました。

1 동사의 사역수동형

1그룹 동사 (5단 동사)	어미 う단 → あ단 + せられる	会(あ)う	→	会(あ)わせられる (어쩔 수 없이) 만나게 되다
		行(い)く	→	行(い)かせられる (어쩔 수 없이) 가게 되다
		脱(ぬ)ぐ	→	脱(ぬ)がせられる (어쩔 수 없이) 벗게 되다
		話(はな)す	→	話(はな)させられる (어쩔 수 없이) 이야기하게 되다
		待(ま)つ	→	待(ま)たせられる (어쩔 수 없이) 기다리게 되다
		死(し)ぬ	→	死(し)なせられる (어쩔 수 없이) 죽게 되다
		呼(よ)ぶ	→	呼(よ)ばせられる (어쩔 수 없이) 불리게 되다
		飲(の)む	→	飲(の)ませられる (어쩔 수 없이) 마시게 되다
		乗(の)る	→	乗(の)らせられる (어쩔 수 없이) 타게 되다
		帰(かえ)る	→	帰(かえ)らせられる (어쩔 수 없이) 돌아가게 되다
2그룹 동사 (1단 동사)	어간 + させられる	見(み)る	→	見(み)させられる (어쩔 수 없이) 보게 되다
		食(た)べる	→	食(た)べさせられる (어쩔 수 없이) 먹게 되다
3그룹 동사 (불규칙 동사)		来(く)る	→	来(こ)させられる (어쩔 수 없이) 오게 되다
		する	→	させられる (어쩔 수 없이) 하게 되다

先輩(せんぱい)にお酒(さけ)を飲(の)ませられました。

無理(むり)やり覚(おぼ)えさせられたことは、すぐに忘(わす)れます。

バイト先(さき)で1時間(いちじかん)残業(ざんぎょう)させられました。

彼(かれ)の演技(えんぎ)に感動(かんどう)させられました。

WORDS

初恋はつこい 첫사랑 | **泣**な**かす** 울리다, 울게 하다 | **いまだに** 아직껏, 아직도 | **同級生**どうきゅうせい 동급생 | **ついに** 마침내, 드디어 | **勇気**ゆうき 용기 | **保険会社**ほけんがいしゃ 보험 회사 | **勤**つと**める** 근무하다, 종사하다 | **加入**かにゅう**する** 가입하다 | **バイト先**さき 아르바이트 하는 곳

Pattern Practice 2

A 다음 동사를 사역수동형으로 바꿔 보세요.

기본형	사역수동형	기본형	사역수동형
書く	書かせられる	覚える	
待つ		食べる	
飲む		辞める	
習う		練習する	
使う		来る	
喜ぶ		立つ	
話す		行く	

B 다음을 〈보기〉와 같이 바꿔 보세요.

보기 先生は学生に本を読ませます。
⇒ 学生は先生に本を<u>読ませられます</u>。

1 父親は息子に車を洗わせます。

⇒ 息子は父親に車を ______________________ 。

2 母親は子供に嫌いな野菜を食べさせます。

⇒ 子供は母親に嫌いな野菜を ______________________ 。

3 監督は選手に雨の日でも練習させます。

⇒ 選手は監督に雨の日でも ______________________ 。

C 다음을 〈보기〉와 같이 바꿔 말해 보세요.

보기 会社(かいしゃ)を辞(や)める

⇒ A 私(わたし)、会社(かいしゃ)を辞(や)めさせられるかもしれないの。

B えっ、そうなの。それは大変(たいへん)だね。

1 転勤(てんきん)する ⇒ A ________________

B えっ、そうなの。それは大変(たいへん)だね。

2 大勢(おおぜい)の前(まえ)で歌(うた)う ⇒ A ________________

B えっ、そうなの。それは大変(たいへん)だね。

3 打(う)ち合(あ)わせに一人(ひとり)で行(い)く ⇒ A ________________

B えっ、そうなの。それは大変(たいへん)だね。

Listening Training

잘 듣고 내용에 맞는 그림을 골라 보세요. CD 78

보기 ⓐ ⓑ ⓒ ⓓ

1 ________ 2 ________ 3 ________ 4 ________

WORDS

父親ちちおや 부친, 아버지 | **嫌**きら**いだ** 싫어하다 | **監督**かんとく 감독 | **選手**せんしゅ 선수 | **雨**あめ**の日**ひ 비 오는 날 | **転勤**てんきん**する** 전근하다 | **大勢**おおぜい 여럿, 많은 사람 | **打**う**ち合**あ**わせ** 상의, 협의

Writing Note

다음 한자를 쓰면서 외워 봅시다.

初 처음 **초**	음 ショ　훈 はじめ/はじめて/はつ/うい/そめる　획수 7 丶 ラ ネ ネ ネ 初 初 初 初 初
恋 사모할 **련**	음 レン　훈 こう/こい/こいしい　획수 10 丶 亠 ナ 亣 亦 亦 亦 恋 恋 恋 恋 恋 恋
保 지킬 **보**	음 ホ　훈 たもつ　획수 9 丿 亻 亻 亻 亻 伻 伻 保 保 保 保 保
険 험할 **험**	음 ケン　훈 けわしい　획수 11 ㇇ 阝 阝 阝 阾 阾 阾 険 険 険 険 険 険 険

Reading Quiz

다음을 읽고 질문에 답해 보세요.

久しぶりに高校時代の同級生から電話が来た。
私が彼の初恋の人だったと告白されて、びっくりした。
私のことが忘れられなくて告白したんだなあと思ったが、
実は、彼ったら保険会社に勤めていて、保険に加入させられた。

Quiz 다음 중 글쓴이에 대한 설명으로 맞는 것은?

① 고등학교 때 친구에게 보험을 권유받았다.　② 보험 회사에 다니고 있다.
③ 현재 첫사랑과 사귀고 있다.

* びっくりする 깜짝 놀라다

Speaking Tool Box

★ 그림을 보고 〈보기〉와 같이 말해 보세요.

보기 先輩にお酒を飲ませられました。
バイト先で１時間残業させられました。

学校で夜12時まで勉強する

母 / 野菜を食べる

仕事を辞める

母 / 彼女と別れる

運転免許を停止される

部屋を片付ける

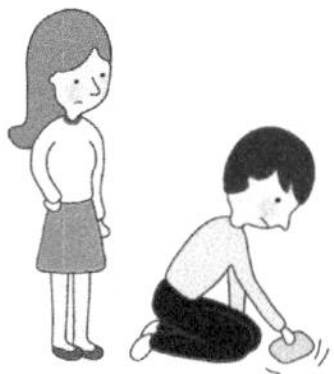

みんなの前で歌を歌う

週末に出張に行く

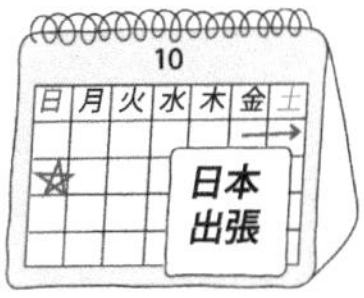

UNIT

14 しっかりしなさい。

정신 좀 차려라.

학 / 습 / 포 / 인 / 트　① 명령 : ~て(で)/~なさい　② 금지 : ~な/~ないで

Dialogue 1

CD 79

母　もう時間(じかん)よ。起(お)きなさい。8時(はちじ)ですよ。

ノ・ダミ　あ、しまった。また遅刻(ちこく)！

母　ご飯(はん)食(た)べて。

ノ・ダミ　いいよ。遅(おく)れそうだから。

母　夜遅(よるおそ)く寝(ね)るから、朝起(あさお)きられないんでしょう。

もうちょっとしっかりしなさい。

今日(きょう)は早(はや)く帰(かえ)ってきてね。シンジが帰(かえ)ってくるから。

1 ~て(で) ~해, ~해라(가벼운 명령)

正直(しょうじき)に言(い)って。

言(い)い訳(わけ)はやめて。

もういい加減(かげん)にして。

2 ~なさい ~해, ~해라(강한 명령)

朝起(あさお)きてすぐにコップ一杯(いっぱい)の水(みず)を飲(の)みなさい。

大事(だいじ)なことは３つ(みっ)にまとめなさい。

遊(あそ)んでばかりいないで勉強(べんきょう)しなさい。

WORDS

しまった 아차, 아뿔싸 | **しっかり** 단단히, 꽉 | **正直**しょうじき**だ** 정직하다, 솔직하다 | **言**い**い訳**わけ 변명 | **いい加減**かげん 적당히 함, 알맞게 함 | **コップ** 컵 | **まとめる** 합치다, 정리하다

Pattern Practice 1

A 다음 동사를 명령형으로 바꿔 보세요.

기본형	～て	～なさい
書(か)く	書(か)いて	書(か)きなさい
言(い)う		
飲(の)む		
待(ま)つ		
起(お)きる		
呼(よ)ぶ		
する		
話(はな)す		
帰(かえ)る		
来(く)る		

B 다음을 〈보기〉와 같이 바꿔 보세요.

보기 言(い)う
⇒ 正直(しょうじき)に言(い)って。

1 上(あ)げる ⇒ 質問(しつもん)があったら手(て)を ________ 。

2 見(み)る ⇒ 前(まえ)を ________ 。

3 頑張(がんば)る ⇒ もっと ________ 。

C 다음을 〈보기〉와 같이 바꿔 보세요.

보기 勉強(べんきょう)する
⇒ 遊(あそ)んでばかりいないで<u>勉強(べんきょう)しなさい</u>。

1 寝(ね)る ⇒ 明日(あした)も学校(がっこう)があるんだから、早(はや)く ________ 。

2 する ⇒ 少(すこ)し静(しず)かに ________ 。

3 書(か)く ⇒ 質問(しつもん)に対(たい)する答(こた)えを ________ 。

4 帰(かえ)る ⇒ 気(き)をつけて ________ 。

Listening Training

잘 듣고 내용에 맞는 그림을 고르세요. CD 81

보기

ⓐ

ⓑ

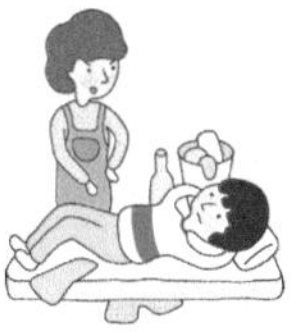

ⓒ

ⓓ

1 ________ 2 ________ 3 ________ 4 ________

WORDS

質問しつもん 질문 | **対**たい**する** 대하다, 마주보다 | **クリスマスツリー** 크리스마스트리

Dialogue 2

CD 82

ノ・ダミ　あら、シンジ。元気？

シンジ　うん、元気だよ。お姉さんも元気そうだね。

ノ・ダミ　ハハ。最近ちょっと太ったかな。軍隊生活はどう？

シンジ　う～ん、上官がちょっと厳しくて…。
前は「してもいい」って言ってたことを後で
「するな」って言ったりするから、機嫌をとるのが大変。

ノ・ダミ　やっぱり軍隊生活って大変そうだね。

シンジ　いや、でも、その上官以外はみんないい人だよ。
あんまり心配しないで。大丈夫だから。

1 ~な ~하지 마(강한 금지)

危険(きけん)！ ここから先(さき)には入(はい)るな。

ここに落書(らくが)きするな。

何(なに)もしゃべるなと注意(ちゅうい)された。

2 ~ないで ~하지 마라(금지)

子供(こども)みたいに言(い)い訳(わけ)をしないで。

私(わたし)の分(ぶん)まで食(た)べないで。

冗談(じょうだん)だから、誤解(ごかい)しないでね。

WORDS

太ふとる 살찌다 | **上官じょうかん** 상관 | **厳きびしい** 엄하다 | **機嫌きげんをとる** 비위를 맞추다 | **以外いがい** 이외 | **あんまり** 너무, 지나치게 | **落書らくがき** 낙서 | **しゃべる** 지껄이다, 재잘거리다 | **分ぶん** 몫 | **冗談じょうだん** 농담

Pattern Practice 2

A 다음 동사를 금지형으로 바꿔 보세요.

기본형	～ないで	～な
書(か)く	書(か)かないで	書(か)くな
笑(わら)う		
飲(の)む		
立(た)つ		
寝(ね)る		
呼(よ)ぶ		
する		
話(はな)す		
帰(かえ)る		
来(く)る		

B 다음을 〈보기〉와 같이 바꿔 보세요.

보기 入(はい)る
⇒ 危険(きけん)！ここから先(さき)には<u>入(はい)るな</u>。

1 する ⇒ 会社(かいしゃ)に遅刻(ちこく) ________________。

2 辞(や)める ⇒ 途中(とちゅう)で ________________。

3 しゃべる ⇒ 食(た)べる時(とき)は ________________。

C 다음을 〈보기〉와 같이 바꿔 보세요.

보기 誤解(ごかい)する
⇒ 冗談(じょうだん)だから、誤解(ごかい)しないで。

1 遊(あそ)ぶ ⇒ 庭(にわ)で ______________ 。

2 吸(す)う ⇒ ここではタバコを ______________ 。

3 忘(わす)れる ⇒ 絶対(ぜったい)、暗証番号(あんしょうばんごう)を ______________ 。

4 とめる ⇒ ここに車(くるま)を ______________ 。

Listening Training

잘 듣고 빈칸에 들어갈 말을 써 보세요. CD 84

1 あまり大(おお)きい声(こえ)で ______________ てはいけない。

2 夢(ゆめ)を ______________ てはいけない。

3 人(ひと)の日記(にっき)を ______________ てはいけない。

4 熱(ねつ)があるから、今日(きょう)は ______________ てはいけない。

WORDS

途中とちゅう 도중 | **庭**にわ 정원 | **絶対**ぜったい 절대 | **暗証番号**あんしょうばんごう 비밀번호 | **～てはいけない** ~하면 안 된다

Writing Note

다음 한자를 쓰면서 외워 봅시다.

遅 늦을 지	음 チ	훈 おくれる/おくらす/おそい	획수 12
	㇕ ㇕ 尸 尸 尸 尸 层 层 犀 遅 遅 遅		
	遅　遅　遅		
刻 새길 각	음 コク	훈 きざむ	획수 8
	丶 亠 亠 亥 亥 亥 亥 刻		
	刻　刻　刻		
機 틀 기	음 キ	훈 はた	획수 16
	一 十 才 木 木 朩 朩 朩 朩 朩 機 機 機 機 機 機		
	機　機　機		
嫌 싫어할 혐	음 ケン/ゲン	훈 きらう/いや	획수 13
	㇛ 女 女 女 女 女 女 女 女 嫌 嫌 嫌 嫌		
	嫌　嫌　嫌		

Reading Quiz

다음을 읽고 질문에 답해 보세요.

軍隊に入っているシンジが休暇をとってうちに帰ってきた。
軍隊の上官はけっこう厳しくて、前は「してもいい」って言ってたことを後で「するな」って言ったりするそうだ。
シンジは大丈夫だと言っていたが、やっぱり軍隊生活は大変そうだ。

Quiz 다음 중 윗글에 대한 설명으로 맞는 것은?

① 신지는 군인이다.　② 신지의 아버지는 엄격하다.　③ 신지는 유학 중이다.

‡ 休暇きゅうかをとる 휴가를 받다

Speaking Tool Box

★〈보기〉와 같이 금지와 명령의 표현을 만들어 보세요.

보기

もういい加減にして。/ もういい加減にしなさい。

何もしゃべるな。/ 何もしゃべらないで。

朝早く起きる

ここに落書きをする

もっと勉強する

言い訳をする

水をたくさん飲む

夜遅く帰ってくる

正直に言う

誤解する

UNIT 15

母からもらった指輪です。

어머니에게 받은 반지예요.

학 / 습 / 포 / 인 / 트　① あげる/くれる/もらう　② ～てあげる/～てくれる/～てもらう

Dialogue 1

CD 85

ノ・ダミ　高橋(たかはし)さんのストラップ、かわいいですね。

高橋　日本(にほん)にいた時(とき)に買(か)ったものですが、
気(き)に入(い)ったんだったらあげますよ。

ノ・ダミ　えっ、本当(ほんとう)にくれるんですか。ありがとう。

高橋　あっ、それ、ペアリングじゃないですか。
彼氏(かれし)できたんですか。

ノ・ダミ　いえ、これは母(はは)からもらった指輪(ゆびわ)です。

Grammar in Dialogue

CD 86

1 あげる (내가 남에게) 주다, (A가 B에게) 주다

彼女(かのじょ)にバラの花束(はなたば)をあげた。

彼(かれ)にバレンタインチョコレートをあげました。

母(はは)の日(ひ)にプレゼントをあげませんでした。

2 くれる (남이 나에게) 주다

熱(あつ)い応援(おうえん)メッセージをくれました。

母(はは)がくれた指輪(ゆびわ)です。

早(はや)く返事(へんじ)をくれて、ありがとう。

3 もらう (내가 남에게서) 받다

おばあさんからお小遣(こづか)いをもらいました。

誕生日(たんじょうび)プレゼントでもらったCD(シーディー)です。

こんな高(たか)いものをもらってもいいんですか。

WORDS

ストラップ 핸드폰 줄 | **ペアリング** 커플링 | **指輪**ゆびわ 반지 | **バラ** 장미 | **花束**はなたば 꽃다발 | **バレンタイン** 밸런타인 | **母**はは**の日**ひ 어머니의 날 | **メッセージ** 메시지 | **小遣**こづか**い** 용돈

Pattern Practice 1

A 크리스마스 선물을 교환하고 있습니다. 그림을 잘 보고 빈칸에 알맞은 말을 넣어 보세요.

보기 ノ・ダミさんは修二(しゅうじ)さんにマフラーをもらいました。

1 ノ・ダミさんのネックレスはカオルさんが ＿＿＿＿＿＿ ものです。

2 シンジさんはノ・ダミさんにゲーム機(き)を ＿＿＿＿＿＿ 。

3 カオルさんの ＿＿＿＿＿＿ はノ・ダミさんがくれたものです。

4 修二(しゅうじ)さんは ＿＿＿＿＿＿ さんに帽子(ぼうし)をもらいました。

5 修二(しゅうじ)さんは ＿＿＿＿＿＿ さんにブーツをあげました。

6 修二(しゅうじ)さんの ＿＿＿＿＿＿ はシンジさんがくれたものです。

7 シンジさんはカオルさんにCD(シーディー)を ＿＿＿＿＿＿ 。

C 다음을 잘 읽어 보고 알맞은 조사를 넣어 보세요.

보기　これは母(はは) ___に___ もらった指輪(ゆびわ)です。

1　この手紙(てがみ)は妹(いもうと) ______ くれました。

2　このかばんは彼氏(かれし) ______ あげるプレゼントです。

3　会社(かいしゃ)の同僚(どうりょう) ______ お土産(みやげ)をもらいました。

4　友達(ともだち) ______ くれたストラップをなくした。

Listening Training

잘 듣고 빈칸에 들어갈 말을 써 보세요. CD 87

1　母(はは)から ______ をもらいました。

2　______ にチョコレートをあげます。

3　友達(ともだち)に ______ をもらいました。

4　______ が ______ をくれました。

WORDS

マフラー 머플러 | **ブーツ** 부츠 | **ゲーム機**き 게임기 | **帽子**ぼうし 모자 | **ネックレス** 목걸이 | **お土産**みやげ 선물, 특산품

Dialogue 2

CD 88

千秋　今日の試合、最高でしたね！

高橋　やっぱり逆転勝ちは気持ちいいですね。

ノ・ダミ　野球場に連れてきてもらってよかった！
野球のルールはまだよく分からないですけど、
千秋さんが解説してくれたおかげで
なんとか理解できました。

千秋　それはよかったですね。

高橋　また一緒に来ましょうよ。
今度は僕が解説してあげますから。

ノ・ダミ　はい、また連れてきてくださいね。

Grammar in Dialogue

CD 89

1 ~てあげる (내가 남에게, A가 B에게) ~해 주다

父(ちち)にマッサージをしてあげました。

自分(じぶん)より弱(よわ)い人(ひと)には負(ま)けてあげられる人(ひと)になりたいです。

冷(つめ)たかったら温(あたた)めてあげます。

2 ~てくれる (남이 나에게) ~해 주다

山(やま)が生(い)き方(かた)を教(おし)えてくれました。

知(し)り合(あ)いがなかなかお金(かね)を返(かえ)してくれないんです。

忙(いそが)しいのに来(き)てくれてありがとう。

3 ~てもらう (남으로부터) ~해 받다

髪(かみ)をカットしてもらいました。

いい日本語教材(にほんごきょうざい)を紹介(しょうかい)してもらえますか。

一緒(いっしょ)に写真(しゃしん)を撮(と)らせてもらっていいですか。

WORDS

逆転勝ぎゃくてんが**ち** 역전승 | **野球場**やきゅうじょう 야구장 | **ルール** 룰, 규칙 | **解説**かいせつ 해설 | **マッサージ** 마사지 | **弱**よわ**い** 약하다 | **負**ま**ける** 지다 | **生**い**き方**かた 살아가는 태도, 생활 방식 | **知**し**り合**あ**い** 아는 사이, 지인 | **なかなか** 꽤, 상당히 | **教材**きょうざい 교재

Pattern Practice 2

A 다음을 〈보기〉와 같이 바꿔 말해 보세요.

보기 お金(かね)が足(た)りない / 貸(か)す

⇒ A お金(かね)が足(た)りないなら、貸(か)してあげましょうか。

B えっ、いいんですか。ありがとうございます。

1 都合(つごう)が悪(わる)い / 代(か)わりに行(い)く

⇒ A ______________________________

B えっ、いいんですか。ありがとうございます。

2 字(じ)が読(よ)みづらい / 読(よ)む

⇒ A ______________________________

B えっ、いいんですか。ありがとうございます。

3 直接(ちょくせつ)言(い)えない / 伝(つた)える

⇒ A ______________________________

B えっ、いいんですか。ありがとうございます。

4 うまくできない / 仕事(しごと)を手伝(てつだ)う

⇒ A ______________________________

B えっ、いいんですか。ありがとうございます。

5 頭(あたま)が痛(いた)い / 薬(くすり)を買(か)う

⇒ A ______________________________

B えっ、いいんですか。ありがとうございます。

B 다음을 〈보기〉와 같이 바꿔 말해 보세요.

보기 先輩(せんぱい) / いい本(ほん)を紹介(しょうかい)する

⇒ A 先輩(せんぱい)、いい本(ほん)を紹介(しょうかい)してくれて、感謝(かんしゃ)してます。

B いや、大(たい)したことじゃないから。

1 修二(しゅうじ)さん / 一緒(いっしょ)に来(く)る ⇒ A ______

B いや、大(たい)したことじゃないから。

2 千秋(ちあき)さん / 引(ひ)っ越(こ)しを手伝(てつだ)う ⇒ A ______

B いや、大(たい)したことじゃないから。

3 吉田(よしだ)さん / 作文(さくぶん)を直(なお)す ⇒ A ______

B いや、大(たい)したことじゃないから。

C 다음을 〈보기〉와 같이 바꿔 보세요.

보기 千秋(ちあき)さん / 一緒(いっしょ)に来(く)る

⇒ 千秋(ちあき)さんに一緒(いっしょ)に来(き)てもらいました。

1 お母(かあ)さん / お弁当(べんとう)を作(つく)る

⇒ ______

2 お隣(となり)さん / 宅配(たくはい)を預(あず)かる

⇒ ______

WORDS

都合つごう 형편, 사정 | **貸**か**す** 빌려 주다 | **代**か**わり** 대신 | **～づらい** ~하기 곤란하다, ~하기 거북하다 | **紹介**しょうかい 소개 | **引**ひ**っ越**こ**し** 이사 | **感謝**かんしゃ 감사 | **作文**さくぶん 작문 | **直**なお**す** 고치다 | **お隣**となり**さん** 이웃 사람 | **宅配**たくはい 택배 | **預**あず**かる** 맡다

Pattern Practice 2

D 다음을 잘 읽어 보고 둘 중에서 알맞은 표현을 골라 보세요.

보기 会社(かいしゃ)で同僚(どうりょう)に傘(かさ)を貸(か)して もらいました / くれました 。

1 祖母(そぼ)は毎年(まいとし)、誕生日(たんじょうび)プレゼントを送(おく)って くれます / あげます 。

2 友達(ともだち)にはやりの歌(うた)を歌(うた)って もらいました / くれました 。

3 娘(むすめ)の誕生日(たんじょうび)に手袋(てぶくろ)を買(か)って あげました / くれました 。

4 弟(おとうと)の宿題(しゅくだい)を手伝(てつだ)って あげました / くれました 。

Listening Training

잘 듣고 다음 설명이 맞으면 ○, 틀리면 × 표시를 하세요. CD 90

1 ______ 나는 누나에게 멋진 스카프를 사 주었습니다.

2 ______ 치아키 씨가 나에게 사전을 선물해 주었습니다.

3 ______ 요시다 씨가 나에게 일본 요리 만드는 법을 가르쳐 주었습니다.

4 ______ 전철 안에서 학생에게 자리를 양보해 주었습니다.

WORDS

祖母そぼ 조모, 할머니 | **はやり** 유행 | **手袋**てぶくろ 장갑 | **席**せき**をゆずる** 자리를 양보하다

Writing Note

다음 한자를 쓰면서 외워 봅시다.

指
손가락 **지**

음 シ　훈 ゆび/さす　획수 9

一 十 扌 扌 扌 扌 指 指 指

指 指 指

輪
바퀴 **륜**

음 リン　훈 わ　획수 15

一 厂 冂 日 亘 亘 車 車 軡 軡 軡 輪 輪 輪 輪

輪 輪 輪

競
다툴 **경**

음 キョウ/ケイ　훈 きそう/せる　획수 20

丶 亠 亠 立 立 产 音 音 竞 竞 竞 竞 竞 竞 竞 竸 竸 競 競 競

競 競 競

技
재주 **기**

음 ギ　훈 わざ　획수 7

一 十 扌 扌 扌 抆 技

技 技 技

Reading Quiz

다음을 읽고 질문에 답해 보세요.

初めて野球を見に行ってきた。やっぱり逆転勝ちは気持ちがいい。
野球場に連れて行ってもらってよかったと思う。
野球のルールはよく分からないけど、
千秋さんが解説してくれたおかげで、なんとか理解できた。
また一緒に野球を見に行くことにした。

Quiz 글쓴이가 본 야구 경기의 결과는?

① 이겼다.　② 졌다.　③ 비겼다.

＊初はじめて 처음으로

Speaking Tool Box

★ 기억에 남는 선물에 대해 말해 보세요.

예	誕生日(たんじょうび)プレゼントで花束(はなたば)をもらいました。 彼女(かのじょ)に手作(てづく)りのバレンタインチョコレートをもらいました。

応援(おうえん)メッセージ
응원 메시지

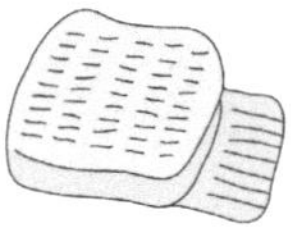

手編(てあ)みのマフラー
손뜨개 목도리

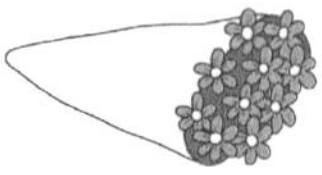

バラの花束(はなたば)
장미 꽃다발

告白(こくはく)の手紙(てがみ)
고백 편지

ペアリング
커플링

ポートレート
초상화

クマのぬいぐるみ
곰 인형

ケータイ
휴대전화

★ 남에게 도움을 받은 경험에 대해 말해 보세요.

예
先生にいい日本語教材を紹介してもらいました。
友達に引っ越しを手伝ってもらいました。

お金を貸す
돈을 빌려 주다

病院に一緒に行く
병원에 같이 가다

お弁当を作る
도시락을 만들다

宿題を手伝う
숙제를 도와주다

市内を案内する
시내를 안내하다

パソコンを直す
컴퓨터를 고치다

荷物を持つ
짐을 들다

痴漢から助ける
치한으로부터 구하다

UNIT 16

少々お待ちください。

잠시 기다려 주십시오.

학 / 습 / 포 / 인 / 트
① お/ご+ます형/한자어+になる(존경)　② お/ご+ます형/한자어+ください(존경)
③ お/ご+ます형/한자어+する/いたす(겸양)　④ 특수한 존경어와 겸양어

Dialogue 1

CD 91

ノ・ダミ　あのう、これ、ちょっと大(おお)きいサイズありますか。

店員　確認(かくにん)してみますので、こちらにおかけになって少々(しょうしょう)お待(ま)ちください。

（しばらくして）

店員　お客様(きゃくさま)、大変(たいへん)お待(ま)たせいたしました。
申(もう)し訳(わけ)ございませんが、このデザインの大(おお)きいサイズはただいま切(き)らしておりまして。

ノ・ダミ　あ、そうですか。分(わ)かりました。どうも。

1 お/ご + ます형/한자어 + になる　～하시다(존경)

何時(なんじ)ごろお帰(かえ)りになりますか。

この報告書(ほうこくしょ)はお読(よ)みになりましたか。

ご利用(りよう)になる前(まえ)に説明書(せつめいしょ)をお読(よ)みください。

2 お/ご + ます형/한자어 + ください　～해 주십시오(존경)

この仕事(しごと)は私(わたし)にお任(まか)せください。

ご自由(じゆう)にお入(はい)りください。

お気軽(きがる)にご連絡(れんらく)ください。

3 お/ご + ます형/한자어 + する/いたす　～하다(겸양)

何(なに)かお手伝(てつだ)いしましょうか。

こちらからお電話(でんわ)いたします。

料金(りょうきん)についてご案内(あんない)いたします。

WORDS

かける 걸터앉다 | **少々**しょうしょう 약간, 조금 | **お客様**きゃくさま 고객님 | **申**もう**し訳**わけ**ない** 면목없다, 미안하다 | **デザイン** 디자인 | **ただいま** 지금, 현재 | **切**き**らす** 다 쓰다 | **どうも** 정말, 대단히(가벼운 인사말) | **～ごろ** ～쯤, ～경 | **報告書**ほうこくしょ 보고서 | **利用**りよう 이용 | **気軽**きがる**に** 부담없이, 가볍게 | **案内**あんない 안내

Pattern Practice 1

A 다음을 〈보기〉와 같이 바꿔 보세요.

> 보기 今日 / 帰る
> ⇒ A 社長、今日は何時にお帰りになりますか。
> B 7時に帰る予定だ。

1 飛行機 / 乗る ⇒ A ______________________
B ______________________

2 明日 / 出かける ⇒ A ______________________
B ______________________

B 다음을 〈보기〉와 같이 바꿔 보세요.

> 보기 任せる ⇒ この仕事は私にお任せください。
> 連絡 ⇒ お気軽にご連絡ください。

1 待つ ⇒ ここでしばらく ______________ 。

2 書く ⇒ ここに住所とお名前を ______________ 。

3 利用 ⇒ また ______________ 。

4 注意 ⇒ 足元に ______________ 。

C 다음을 〈보기〉와 같이 바꿔 보세요.

보기
手伝(てつだ)う ⇒ 私(わたし)がお手伝(てつだ)いします。
案内(あんない) ⇒ 料金(りょうきん)についてご案内(あんない)いたします。

1 持(も)つ ⇒ そのかばん、私(わたし)が ＿＿＿＿＿＿＿＿ 。

2 撮(と)る ⇒ 私(わたし)が写真(しゃしん)を ＿＿＿＿＿＿＿＿ 。

3 紹介(しょうかい) ⇒ 当社(とうしゃ)の新製品(しんせいひん)を ＿＿＿＿＿＿＿＿ 。

4 報告(ほうこく) ⇒ 今日(きょう)の予定(よてい)を ＿＿＿＿＿＿＿＿ 。

Listening Training

잘 듣고 내용에 맞는 그림을 고르세요. CD 93

보기

ⓐ

ⓑ

ⓒ
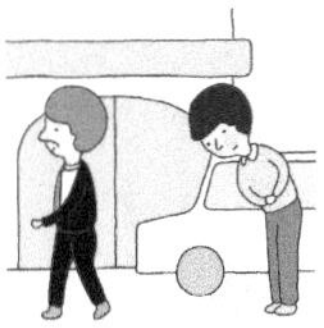

ⓓ

1 ＿＿＿＿ 2 ＿＿＿＿ 3 ＿＿＿＿ 4 ＿＿＿＿

WORDS

しばらく 잠시 | **住所** じゅうしょ 주소 | **足元** あしもと 발밑, 발치 | **新製品** しんせいひん 신제품

Dialogue 2

CD 94

関口　はい、日本電産営業部(にほんでんさんえいぎょうぶ)でございます。

千秋　田中商事(たなかしょうじ)の千秋(ちあき)と申(もう)しますが、
山田課長(やまだかちょう)いらっしゃいますか。

関口　あ、千秋(ちあき)さん。いつもお世話(せわ)になっております。
あいにく山田(やまだ)は席(せき)を外(はず)しております。
戻(もど)りましたら、こちらから折(お)り返(かえ)しお電話(でんわ)するよう
伝(つた)えましょうか。

千秋　そうですか。それではよろしくお願(ねが)いいたします。
では、失礼(しつれい)します。

Grammar in Dialogue

CD 95

1 특수한 존경어와 겸양어

	존경어	겸양어
する 하다	される / なさる	いたす
くれる 주다	くださる	
いる 있다	いらっしゃる	おる
言う 말하다	おっしゃる	申す
見る 보다	ご覧になる	拝見する
行く 가다	いらっしゃる	参る
来る 오다	いらっしゃる	参る
会う 만나다		お目にかかる
知っている 알고 있다	ご存じだ	存じておる
食べる 먹다	召し上がる	いただく

先生がおっしゃった通りです。… 先生が言った通りです。

ご覧になってください。… 見てください。

たくさん召し上がってください。… たくさん食べてください。

分かっております。… 分かっています。

一度お目にかかりたいんですが。… 一度会いたいんですが。

もちろん存じております。… もちろん知っています。

WORDS

商事しょうじ 상사 | **課長**かちょう 과장 | **席**せき**を外**はず**す** 자리를 비우다 | **折**お**り返**かえ**し** 되짚어, 즉시 | **~通**とお**り** ~대로

Pattern Practice 2

A 다음 동사를 겸양어와 존경어로 바꿔 보세요.

보기 いる

⇒ 私(わたし)はソウルに住(す)んでおります。

先生(せんせい)はソウルに住(す)んでいらっしゃいます。

1 来(く)る ⇒ 私(わたし)は韓国(かんこく)から ________ ました。

先生(せんせい)は韓国(かんこく)から ________ ました。

2 食(た)べる ⇒ 昨日(きのう)、部長(ぶちょう)のお宅(たく)で日本料理(にほんりょうり)を ________ ました。

先生(せんせい)はどんな料理(りょうり)を ________ ましたか。

3 知(し)る ⇒ 私(わたし)は彼(かれ)のことを ________ ません。

校長先生(こうちょうせんせい)は彼(かれ)のことを ________ ですか。

4 見(み)る ⇒ 先生(せんせい)の作品(さくひん)を ________ ました。

先生(せんせい)はあの作品(さくひん)を ________ ましたか。

5 言(い)う ⇒ 私(わたし)はノ・ダミと ________ ます。

先生(せんせい)はよく冗談(じょうだん)を ________ ます。

B 다음을 〈보기〉와 같이 바꿔 보세요.

보기 どちらに住(す)んでいますか。

⇒ どちらに住(す)んでいらっしゃいますか。

1 少(すこ)し待(ま)ってくれますか。

⇒ ____________________

2 パーティーに行(い)きますか。

⇒ ____________________

3 ゴルフをしますか。

⇒ ____________________

Listening Training

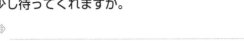

잘 듣고 다음 설명이 맞으면 ○, 틀리면 × 표시를 하세요. CD 96

1 ______ 부장님은 지금 집에 계십니다.

2 ______ 선생님은 점심에 튀김 정식을 드셨습니다.

3 ______ 선생님은 저에 대해서 잘 알고 계십니다.

4 ______ 사장님은 이 뮤지컬을 아직 안 보셨습니다.

WORDS

校長こうちょう 교장 | **ゴルフ** 골프 | **お宅**たく 댁(집 · 가정의 높임말) | **てんぷら** 튀김, 덴푸라 | **ミュージカル** 뮤지컬

Writing Note

다음 한자를 쓰면서 외워 봅시다.

案 책상 **안**	음 アン　획수 10 丶 丷 宀 宊 安 安 案 案 案 案
内 안 **내**	음 ナイ/ダイ　훈 うち　획수 4 丨 冂 内 内
営 경영할 **영**	음 エイ　훈 いとなむ　획수 12 丶 丷 ⺍ 𭕄 ⺌ 兴 学 営 営 営 営 営
業 업 **업**	음 ギョウ/ゴウ　훈 わざ　획수 13 丨 Ⅱ 业 业 业 业 业 业 业 业 業 業 業

Reading Quiz

다음을 읽고 질문에 답해 보세요.

① おかけになったお電話は、電波の届かない場所にあるか、電源が入っていないため、かかりません。

② おかけになったお電話番号は、現在使われておりません。恐れ入りますが、番号をお確かめになって、おかけ直しください。

③ おかけになったお電話は、お客様の都合により通話ができなくなっております。

Quiz　현재 사용되지 않는 번호에 걸었을 때 나오는 메시지는 무엇입니까?　(　　　)

* **電波**でんぱ 전파　**届**とど**く** 닿다, 미치다　**電源**でんげん 전원　**かけ直**なお**す** 다시 걸다

Speaking Tool Box

★ 다음을 〈보기〉와 같이 정중한 표현으로 말해 보세요.

보기	少々お待ちください。 大変お待たせいたしました。

自由に入ってください。

こちらから電話します。

気軽に連絡してください。

私が案内します。

説明書を見てください。

後で連絡します。

こちらへ電話くれるように伝えてください。

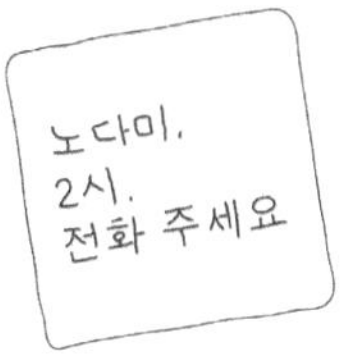

持ちましょうか。

정답 및 해석

정답 및 해석

UNIT 01 出張で来たんですか。

Dialogue 1

가오루&슈지　오랜만이야!
노다미　가오루, 오랜만이야! 아, 슈지도.
가오루　언제 왔어?
노다미　어젯밤에 도착했어.
슈지　출장으로 온 거예요?
노다미　아니요, 여름 휴가를 냈어요.

Pattern Practice 1

A

行った	食べた
飲んだ	言った
話した	待った
死んだ	寝た
起きた	見た
勉強した	書いた
遊んだ	乗った
来た	泳いだ

B

1 A 誰に会ったんですか。
　B イ・ヒョリに会ったんです。

2 A 何を飲んだんですか。
　B カクテルを飲んだんです。

3 A 誰と行ったんですか。
　B 彼氏と行ったんです。

C

1 彼氏と喧嘩したの。

2 パソコンが壊れたの。

3 祖父が亡くなったの。

Listening Training

1 んです	2 来たんです
3 なんです	4 なんです

script

1 A どうしたんですか。
　B 頭が痛いんです。

2 A いつ来たんですか。
　B 昨日来たんです。

3 A 彼女のことが好きなんですか。
　B はい、好きなんです。

4 A 彼は今、休憩中なんですか。
　B いいえ、今、仕事中なんです。

Dialogue 2

노다미　시부야는 변함없이 번잡하구나.
슈지　전에도 일본에 온 적이 있어요?
노다미　네, 있어요. 2년 전에 실연 여행으로. 처음 일본에 왔을 때는 일본어가 서툴러 상당히 힘들었죠.
가오루　근데, 지금은 정말 잘한다.
노다미　실연한 후에 열심히 공부했거든.

Pattern Practice 2

A

1 A 前もバンジージャンプをしたことがあるんですか。
　B はい、ありますよ。/いいえ、ありませんよ。

2 A 前も芸能人に会ったことがあるんですか。
　B はい、ありますよ。/いいえ、ありませんよ。

3 A 前もバイオリンを習ったことがあるんですか。
　B はい、ありますよ。/いいえ、ありませんよ。

4 A 前も飛行機に乗ったことがあるんですか。

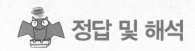

B　はい、ありますよ。/いいえ、ありませんよ。

5　A　前も授業をサボったことがあるんですか。

B　はい、ありますよ。/いいえ、ありませんよ。

B

1　私、着物を着たことが一度もないんです。

2　私、マッコリを飲んだことが一度もないんです。

3　私、男の人と付き合ったことが一度もないんです。

C

1　送った

2　撮った

3　食べた

D

1　仕事が終わった後、デートをした。

2　お酒を飲んだ後、カラオケに行った。

3　インターネットで調べた後、ジーパンを買った。

Listening Training

1 X　　2 X　　3 ○　　4 ○

script

1　海外旅行に行ったことがありません。

2　彼は会ったことも話したこともない人です。

3　昨日会った人はとても面白かったです。

4　晩ご飯を食べた後、映画を見に行きました。

Reading Quiz answer ②

여름 휴가를 내고 도쿄에 갔다. 2년 전에도 도쿄에 간 적이 있다. 신주쿠에서 가오루와 슈지를 만났다. 가오루는 대학 때 한국에 교환학생으로 와서 친해진 친구이다. 슈지는 가오루의 남동생으로, 2년 전에 한 번 만난 적이 있다.

UNIT 02 来ないでください。

Dialogue 1

노다미　슈지는 대학교 3학년이었죠?

슈지　그게요, 작년에 대학을 그만두고, 지금은 미용사를 하고 있어요.

노다미　어머, 정말이에요? 몰랐네.
그럼, 카리스마 미용사?

슈지　카리스마 미용사란 말, 잘 아시네요.

노다미　미용실은 어디예요? 싸게 할 수 있나요?

슈지　하하하. 오지 마세요.

Pattern Practice 1

A

行かない	行かなかった
食べない	食べなかった
吸わない	吸わなかった
心配しない	心配しなかった
立たない	立たなかった
忘れない	忘れなかった
脱がない	脱がなかった
入らない	入らなかった
遊ばない	遊ばなかった
壊さない	壊さなかった
飲まない	飲まなかった

B

1　いない

2 知らない

3 聴かない

C

1 教室で騒がないでください。

2 窓を開けないでください。

3 ここでタバコを吸わないでください。

Listening Training

1 X　　2 ○　　3 ○　　4 X

script

1 ここは禁煙ですから、タバコを吸わないでください。

2 明日の約束、忘れないでください。

3 嘘をつかないでください。

4 お酒を飲みすぎないでください。

Dialogue 2

가오루　아무 말도 안 하고 어디에 갔던 거야?
갑자기 없어지고! 엄청 걱정했잖아.

노다미　아, 미안 미안.
참을 수가 없어서 화장실에 갔다 왔어.

가오루　참, 정말이지.

Pattern Practice 2

A

1 消さないで

2 食べないで

3 帰らないで

B

1 別れなくて

2 出なくて

3 勉強しなくて

C

1 新しい靴がほしくてたまらない。

2 別れた彼女に会いたくてたまらない。

3 彼のことが気になってたまらなかった。

4 コンサートに行きたくてたまらなかった。

Listening Training

1 X　　2 X　　3 ○　　4 ○

script

1 A 家に帰らないで何をしていたんですか。
B 図書館で本を読みました。

2 今日はバスに乗らないで、歩いて行きましょう。

3 もう９時だけど、学校行かなくていいの？

4 A 今日は風が強いよね。
B もう、寒くてたまらないよ。

Reading Quiz　answer ②

저는 작년에 대학을 그만두고, 지금 미용사를 하고 있어요.
대학에서 경제학을 공부했는데, 아무래도 안 맞는 것 같아서.
그보다 미용사가 되고 싶어서 미칠 것 같았어요.
역시 자기가 좋아하는 일을 하는 것이 행복한 것 같아요.

UNIT 03 会わない方がいいと思うよ。

Dialogue 1

가오루　좋아하는 사람이 생겼어.

노다미　어머, 정말? 어떤 사람이야? 고백했어?

가오루　나보다 다섯 살 연하야. 고백은 아직이지만.

노다미 여자친구가 생기기 전에 고백하는 게 좋아.
가오루 그게……, 그 사람에게는 이미 여자친구가 있어.
노다미 음~, 포기하는 게 좋지 않을까?
만나지 않는 게 좋을 것 같아.

Pattern Practice 1

A

1 危(あぶ)ないですから、気(き)をつけた方(ほう)がいいですよ。

2 時間(じかん)がないですから、早(はや)く片付(かたづ)けた方(ほう)がいいですよ。

3 遅(おそ)いですから、そろそろ帰(かえ)った方(ほう)がいいですよ。

B

1 帰(かえ)らない方(ほう)がいいんじゃない

2 履(は)かない方(ほう)がいいんじゃない

C

1 忘(わす)れないうちに

2 暗(くら)くならないうちに

3 売(う)り切(き)れないうちに

Listening Training

1 X　2 ○　3 ○　4 X

script

1 仕事(しごと)を辞(や)めない方(ほう)がいいですよ。

2 体(からだ)の具合(ぐあい)が悪(わる)い時(とき)はゆっくり休(やす)んだ方(ほう)がいいです。

3 若(わか)いうちにいろいろな経験(けいけん)をしておいた方(ほう)がいいです。

4 暗(くら)くならないうちに帰(かえ)った方(ほう)がいいですよ。

Dialogue 2

슈지 어떤 스타일을 원하세요?
노다미 이미지를 바꾸고 싶은데, 어떤 스타일이 좋을 것 같아요?
슈지 글쎄요. 머리카락이 상했으니까 과감하게 짧게 잘라 보는 건 어때요? 어울릴 거예요.
노다미 파마를 하거나 염색하거나 해서 머리가 푸석하죠?
슈지 커트한 후에 가볍게 파마를 할까요?
노다미 그럼, 알아서 해 주세요.

Pattern Practice 2

A

1 A どんな人(ひと)がいいと思(おも)います？
B そうですね。年下(としした)の人(ひと)と会(あ)ってみるのはどうですか。

2 A どんな店(みせ)がいいと思(おも)います？
B そうですね。郊外(こうがい)の方(ほう)に行(い)ってみるのはどうですか。

3 A どんなプレゼントがいいと思(おも)います？
B そうですね。ケーキを作(つく)ってみるのはどうですか。

4 A どんな色(いろ)がいいと思(おも)います？
B そうですね。明(あか)るい色(いろ)を着(き)てみるのはどうですか。

5 A どんな車(くるま)がいいと思(おも)います？
B そうですね。スポーツカーに乗(の)ってみるのはどうですか。

B

1 行(い)ったり来(き)たり

2 熱(ねつ)が出(で)たり咳(せき)がひどくなったり

3 雨(あめ)が降(ふ)ったり風(かぜ)が吹(ふ)いたり

C

1 暑(あつ)かったり寒(さむ)かったり

2 忙(いそが)しかったり暇(ひま)だったり

D

1 先輩(せんぱい)を呼(よ)んだ方(ほう)がいいと思(おも)います。

2 それは残念(ざんねん)だと思(おも)います。

3 来年(らいねん)も不景気(ふけいき)になると思(おも)います。

4 答(こた)えが違(ちが)うと思(おも)います。

Listening Training

1 ⓐ, ⓑ	2 ⓐ, ⓒ
3 ⓒ, ⓓ	4 ⓑ, ⓒ

script

1 A 田中(たなか)さんは暇(ひま)な時(とき)、何(なに)をしますか。
B 本(ほん)を読(よ)んだり音楽(おんがく)を聴(き)いたりします。

2 A 吉美(よしみ)さんは昨日(きのう)、何(なに)をしましたか。
B ラジオを聴(き)いたり運動(うんどう)したりしました。

3 A 休(やす)みの日(ひ)、寺田(てらだ)さんは何(なに)をしますか。
B 運動(うんどう)をしたり友達(ともだち)に会(あ)ったりします。

4 A 昨日(きのう)、何(なに)をしましたか。
B 本(ほん)を読(よ)んだりテニスをしたりしました。

Reading Quiz answer ③

오늘 슈지의 미용실에 갔다 왔다.
이미지를 바꾸고 싶었지만, 머리를 짧게 하고 싶지는 않았다.
하지만 머리카락이 상해서 결국 커트하기로 했다. 그리고 살짝 파마도 했다. 새 헤어스타일도 제법 어울리는 것 같다.

UNIT 04 ゆっくり休んだらどうですか。

Dialogue 1

슈지	무슨 일 있어요? 안색이 안 좋아요.
노다미	몸이 나른하고 식욕도 없고.
슈지	어제 과음한 탓이 아닐까요?
노다미	숙취 때문이라면 약을 먹으면 낫나요?
슈지	그보다 오늘은 푹 쉬는 게 어때요?
노다미	하지만 소중한 휴가를 헛되이 보내고 싶지 않아요.

Pattern Practice 1

A

1 先生(せんせい)に聞(き)いたらどうですか。

2 病院(びょういん)に行(い)ってみたらどうですか。

3 全部(ぜんぶ)食(た)べたらどうですか。

B

1 困(こま)ったことがあったら私(わたし)を呼(よ)んでください。

2 忙(いそが)しくなかったら手伝(てつだ)ってください。

3 便利(べんり)だったら私(わたし)にも教(おし)えてください。

4 明日(あした)、暇(ひま)だったら遊(あそ)びに来(き)てください。

C

1 あったせいで

2 遅(おく)れたせいで

3 読(よ)んだせいで

Listening Training

1 ⓒ 2 ⓑ 3 ⓐ 4 ⓓ

script

1 病院(びょういん)に行(い)ってみたらどうですか。

2 少(すこ)し休(やす)んだらどうですか。

3 食(た)べたらどうですか。

4 ダイエットしたらどうですか。

Dialogue 2

가오루 여보세요. 노다미. 지금 어디야?

노다미 신주쿠인데.

가오루 잘됐다. 지금 일이 막 끝났는데, 같이 밥이라도 먹지 않을래?

노다미 좋지. 근데 먼저 잠깐 들를 곳이 있어.

가오루 무슨 일인데?

노다미 실은 얼마 전에 산 디지털카메라가 좀 이상해서. 지금까지 찍은 사진이 전부 삭제됐어. 지금 샀던 가게에 가려던 참이야.

Pattern Practice 2

A

1 出(で)たところです

2 着(つ)いたところです

3 していたところです

B

1 ごめん。今(いま)、シャワーを浴(あ)びるところなんだ。

2 ごめん。今(いま)、エレベーターに乗(の)るところなんだ。

3 ごめん。今(いま)、出(で)かけるところなんだ。

C

1 A 田中(たなか)さんは出発(しゅっぱつ)しましたか。
  B ええ、今(いま)、出発(しゅっぱつ)したばかりです。

2 A 薬(くすり)は飲(の)みましたか。
  B ええ、今(いま)、飲(の)んだばかりです。

3 A 鈴木(すずき)さんは帰(かえ)りましたか。
  B ええ、今(いま)、帰(かえ)ったばかりです。

Listening Training

1 X 2 O 3 O 4 O

script

1 今(いま)、出(で)かけるところです。

2 今(いま)、空港(くうこう)に着(つ)いたばかりです。

3 ラーメンを食(た)べているところです。

4 会社(かいしゃ)に入(はい)ったばかりで、まだ何(なに)も分(わ)からないんです。

Reading Quiz answer ③

몸이 나른하고 식욕도 없다.
향수병이라고 생각했는데, 그건 숙취 때문이었다.
식욕이 없는 건 나에게 매우 드문 일이라 깜짝 놀랐다.
오늘은 푹 쉬는 게 좋을 것 같다.

UNIT 05 どうすればいいでしょうか。

Dialogue 1

노다미 좋아하는 사람이 있는데, 그 사람은 저에게 전혀 관심이 없어요. 어떻게 하면 좋을까요?

점쟁이 음……, 그 사람은 까다로운 성격이군요.
하지만 시간을 두고 사귀면 잘될 거예요. 그리고 당신 주위에 또 한 명, 남자가 보이는데, 어느 쪽이 운명의 상대인지는 아직 모릅니다.

노다미 아, 또 한 명의 남자?

Pattern Practice 1

A

行(い)けば	食(た)べれば
飲(の)めば	来(く)れば
死(し)ねば	勉強(べんきょう)すれば
言(い)えば	安(やす)ければ

書けば	よければ
待てば	なければ
起きれば	親切ならば
見れば	静かならば

B

1 薬を飲めば、よくなります。

2 先輩に頼めば、すぐできます。

3 あなたが来れば、みんな喜びます。

C

1 天気がよければ行きます。

2 おいしければ食べます。

3 安ければ買います。

Listening Training

1 頼めば　　2 行けば
3 忙しければ　　4 あれば

script

1 会議の書類なら千秋さんに頼めばすぐできますよ。

2 まっすぐ行けば銀行が見えます。

3 忙しければ来なくていいですよ。

4 彼は時間さえあればテレビを見ています。

Dialogue 2

노다미　지브리 미술관은 여기서 어떻게 가면 되나요?
점원　이 길을 곧장 가면 미타카 역 남쪽 출구가 나옵니다. 거기에서 버스를 타고 5분 정도 가면 미술관에 도착해요.
노다미　걸어서 가면 어느 정도 걸려요?
점원　15분 정도 걸리는데, 처음 가는 거라면 버스를 타고 가는 게 좋을 것 같아요.

Pattern Practice 2

A

1 冬になると、毎年スキーに行きます。

2 ネットで本を買うと、安くて便利です。

3 早く起きないと、約束に遅れます。

4 しっかり掃除しないと、ゴキブリが出ちゃいます。

5 早起きが苦手だと、社会生活は難しいです。

6 英語が上手だと、就職に有利です。

B

1 そんな格好だと、風邪をひきます。

2 今の時間だと、道が混みます。

C

1 あなたがいるなら、安心できます。

2 あなたが行くなら、私も行きます。

3 料理をするなら、手伝います。

D

1 眼鏡なら

2 お金のことなら

3 金曜日なら

4 音楽なら

Listening Training

1 ○　2 X　3 ○　4 ○

script

1 眼鏡なら、机の上にありますよ。

2 日本の食べ物なら、おすしが一番だ。

3 お金を入れると、飲み物が出ます。

4 そんな格好だと、風邪をひきますよ。

Reading Quiz answer ①

치아키 선배의 마음을 알고 싶어서 점을 보러 갔다 왔다.
지금은 나에게 전혀 관심이 없지만 시간을 두고 사귀면 잘된다고 한다. 그리고, 내 주위에 또 한 명, 남자가 있다고 한다.
운명의 사람은 누구일까?

UNIT 06 早ければ早いほどいい。

Dialogue 1

가오루 오늘 토익 시험을 봤는데, 어려워서 완전히 망쳤어.
좀 더 착실하게 공부할걸. 노다미는 영어를 잘했었지?

노다미 응. 어릴 적부터 영어를 배워서.

가오루 외국어를 배우는 건 빠르면 빠를수록 좋은 것 같아.

노다미 가오루도 영어 학원에 다녔으면 좋았을 텐데.

Pattern Practice 1

A

1 給料は高ければ高いほどいいよね。

2 パソコンは軽ければ軽いほど高いよね。

B

1 クラシック音楽は聴けば聴くほど好きになります。

2 ピアノは練習すればするほどうまくなります。

3 お酒は飲めば飲むほど強くなります。

C

1 メモしておけばよかった

2 来ればよかった

3 勉強すればよかった

Listening Training

1 ○　2 X　3 ○　4 X

script

1 給料は高ければ高いほどいいです。

2 日本語は勉強すればするほど難しいです。

3 パソコンは軽ければ軽いほど高くなります。

4 練習すればするほど上手になります。

Dialogue 2

노다미 슈지, 여자친구랑 사귄 지 어느 정도 됐어요?

슈지 5년 정도 사귀었어요.

노다미 언제 결혼해요?

슈지 아직 결혼까지는…….
프러포즈도 하지 않았고, 그녀의 마음도 물어봐야 하고.

노다미 나는 서른 살까지는 결혼하고 싶어요.

슈지 노다미 씨, 남자친구 있어요?

노다미 아직 없는데, 마음에 드는 사람은 있어요.

Pattern Practice 2

A

1 帰らなければなりません

2 予約しなければなりません

3 かけなければなりません

B

1 高くなければなりません

2 美しくなければなりません

3 安くなければなりません

C

1 まで　2 までに

3 まで　4 まで

Listening Training

1 ⓑ　2 ⓐ　3 ⓒ　4 ⓓ

script

1 図書館(としょかん)では静(しず)かにしなければなりません。

2 この映画(えいが)は19歳以上(じゅうきゅうさいいじょう)でなければ見(み)られません。

3 8時(はちじ)までに会社(かいしゃ)に行(い)かなければならないんです。

4 夏(なつ)までにダイエットをして、かわいい水着(みずぎ)を着(き)たいです。

Reading Quiz　answer ②

오늘 토익 시험을 봤는데, 완전히 망쳤다.
영어를 잘하는 노다미가 부럽다.
그녀는 어릴 적부터 영어를 배웠다고 한다.
외국어를 배우는 것은 빠르면 빠를수록 좋은 것 같다.

UNIT 07 コンビニでも送れるよ。

Dialogue 1

노다미　한국에 엽서를 보내고 싶은데, 이 근처에 우체국 있어?
가오루　우체국까지 가지 않아도 편의점에서도 보낼 수 있어.
노다미　아, 그렇구나.
가오루　편의점에서 책도 살 수 있고, 세금도 낼 수 있어.
노다미　그건 한국 편의점에서도 할 수 있어.

Pattern Practice 1

A

行(い)ける	食(た)べられる
飲(の)める	話(はな)せる
泳(およ)げる	死(し)ねる
言(い)える	遊(あそ)べる
書(か)ける	着(き)られる
待(ま)てる	来(こ)られる
起(お)きられる	読(よ)める
見(み)られる	学(まな)べる
使(つか)える	探(さが)せる
立(た)てる	できる

B

1 会(あ)える

2 寝(ね)られる

3 遊(あそ)べる

C

1 できない

2 書(か)けない

3 飲(の)めない

4 使(つか)えない

Listening Training

1 飲(の)めます　2 食(た)べられません
3 来(こ)られますか　4 乗(の)れません

script

1 ビールなら10本(じゅっぽん)は飲(の)めます。

2 私(わたし)は刺身(さしみ)が食(た)べられません。

3 明日(あした)の合(ごう)コン、来(こ)られますか。

4 私(わたし)は自転車(じてんしゃ)に乗(の)れません。

Dialogue 2

슈지　하코네 여행 전차를 예약했어요.
내일 아침 7시에 신주쿠역에서 만나요.

노다미　아침 7시요? 그럼, 아침 5시 반에 일어나지 않으면 안 되는데, 슈지는 그렇게 빨리 일어날 수 있어요?

슈지　저도 아침형 인간은 아니지만, 당일 여행이니까 어쩔 수 없죠.

Pattern Practice 2

A

1 A 洋子さんはピアノを弾くことができますか。
B もちろん弾けます。

2 A 田中さんは納豆を食べることができますか。
B もちろん食べられます。

3 A カオルさんは1時間も待つことができますか。
B もちろん待てます。

B

1 今は教室に入ることができない。

2 英語の本は速く読むことができない。

C

1 規則だから、気に入らなくてもしょうがないですよ。

2 海外にいる人だから、会いたくてもしょうがないですよ。

3 難しい問題だから、解けなくてもしょうがないですよ。

Listening Training

1 X　2 O　3 X　4 O

script

1 来週までは彼に会うことができません。

2 インターネットで海外のニュースを見ることができます。

3 どうしてもあの人とは仲良くすることができないんです。

4 パスワードを入力すれば、ログインすることができます。

Reading Quiz answer ②

내일은 아침 5시 반에 일어나야 합니다.
당일 여행으로 하코네에 가는데, 제대로 일어날 수 있을지 걱정입니다. 저는 전혀 아침형 인간이 아닙니다. 아침 일찍 일어나지 못해서 회사에도 지각하는 일이 많습니다.
어떻게 하면 좋을까요?

UNIT 08 通り雨かもしれない。

Dialogue 1

가오루　앗, 또 비다. 우산 갖고 있어?

노다미　아니, 없는데.

가오루　오늘은 맑을 거라고 일기예보에서 말했는데. 일기예보도 믿을 수 없네.

노다미　지나가는 비일지도 모르니까 잠깐 상황을 살펴볼까?

Pattern Practice 1

A

1 会社を辞めるかもしれません。

2 母は知っているかもしれません。

3 明日は忙しいかもしれません。

4 彼女は来ないかもしれません。

5 意外と簡単かもしれません。

6 彼の病気は癌かもしれません。

B

1 晴れるでしょう

2 曇るでしょう

3 雨でしょう

Listening Training

1 ○　　2 ○　　3 X　　4 X

script

1 北海道に行ったら、二度と彼に会えないかもしれません。

2 今度の試験は少し難しいかもしれません。

3 A この飲み会、いつまでやるんですか。
　B もう12時だし、みんな帰るでしょう。

4 A このパソコン、本当に使えるんですか。
　B 直しておいたから大丈夫でしょう。

Dialogue 2

노다미	슈지, 오늘은 내가 한턱낼게요. 어? 어디 가 버렸지.
슈지	왜 그래요?
노다미	분명히 지갑을 가방에 넣어 두었을 텐데, 안 보여서요.
슈지	잃어버렸어요?
노다미	아까 지갑에 넣어 둔 JR패스를 썼으니까 그럴 리가 없는데.

Pattern Practice 2

A

1 りんごが５つあったはずなのに、１つ足りないんです。

2 昨日掃除したはずなのに、もう部屋が汚いんです。

3 もう家に着いたはずなのに、連絡がないんです。

B

1 有名なはず

2 上手なはず

C

1 分からないはずがない

2 食べないはずがない

3 できないはずがない

Listening Training

1 X　　2 X　　3 ○　　4 ○

script

1 A 木村さんはまだですか。
　B ２時に来るはずなのに、まだ来ていません。

2 A どこに行っちゃったんだろう。
　B どうしたの？
　A 財布をここに置いといたはずなのに、見つからないの。
　B 財布ならテーブルの上にあるわよ。

3 A そのバッグ、買ったの？
　B こんな高いブランド品、買えるはずがないでしょ。彼氏のプレゼントなの。

4 A 明日の飲み会、先輩も来るんだって。
　B え？ 先輩が？ 最近仕事が忙しいから、来られるはずがないけどなあ。

Reading Quiz answer ③

간토 지방의 날씨입니다. 오늘은 흐린 뒤 비가 오겠습니다. 저기압과 장마 전선의 영향으로 큰비가 내리는 곳도 있겠습니다. 사흘 동안 비가 계속되겠지만, 주말부터는 갤 전망입니다.

UNIT 09 ワインバーに行こうと思ってる。

Dialogue 1

치아키 노다미 씨, 와인 좋아해요? 오늘 와인 바에 가려고 하는데, 괜찮으면 같이 가지 않을래요?

노다미 좋아요. 다카하시 씨도 가나요?

치아키 다카하시 씨도 가자고 하려고 했는데, 다이어트 중이라서.

노다미 아쉽네요. 치아키 씨는 어떤 와인을 좋아하세요?

치아키 화이트 와인을 좋아하는데, 소비뇽 블랑을 제일 좋아해요.

Pattern Practice 1

A

書こう	飛ぼう
飲もう	使おう
話そう	立とう
作ろう	寝よう
呼ぼう	見よう
勉強しよう	聞こう
遊ぼう	乗ろう
来よう	泳ごう

B

1 駅前で会おう。

2 みんなで食べよう。

3 飲み会をしよう。

C

1 私は医者になろうと思っています。

2 私は日本で就職しようと思っています。

3 私は父の仕事を手伝おうと思っています。

4 私は部屋で休もうと思っています。

Listening Training

1 ⓑ　2 ⓒ　3 ⓐ　4 ⓓ

script

1 A 夏休みに何をしますか。
B 友達とパリを旅行しようと思っています。

2 A 休みに何をしますか。
B 家で休もうと思っています。

3 A 冬休みに何をしますか。
B 英語を習おうと思っています。

4 A 夏休みにどこか行きますか。
B 海に行こうと思っています。

Dialogue 2

노다미 휴대폰을 바꾸려고 하는데요,
최신형 휴대폰에는 어떤 게 있나요?

점원 요즘은 아이폰 등의 터치식 휴대폰이 인기 있어요.

노다미 아이폰을 살까 생각했었는데, 기본 요금이 비싸서요.

점원 다른 휴대폰에 비해 좀 비쌀지도 모르지만,
다채로운 애플리케이션이 매력적이에요.
이건 어떠세요? 가격도 적당한데요.

Pattern Practice 2

A

1 休みに温泉に行こうかと思ったんですが、予算が足りなかったんです。

2 ホテルに泊まろうかと思ったんですが、料金が高かったんです。

3 新しい家に引っ越そうかと思ったんですが、いい家が見つからなかったんです。

4 30歳までに結婚しようかと思ったんですが、いい相手がいなかったんです。

5 パイロットになろうかと思ったんですが、

目(め)が悪(わる)くてなれなかったんです。

6 ホテルを予約(よやく)しようかと思(おも)ったんですが、満室(まんしつ)だったんです。

B

1 物価(ぶっか)は去年(きょねん)に比(くら)べて高(たか)くなりました。

2 最近(さいきん)は若(わか)い頃(ころ)に比(くら)べて体重(たいじゅう)が増(ふ)えました。

3 日本(にほん)の交通事故(こうつうじこ)は10年前(じゅうねんまえ)に比(くら)べて40％(よんじゅっパーセント)減(へ)りました。

Listening Training

1 X　2 ○　3 X　4 ○

script

1 岩男(いわお)さんは他(ほか)の人(ひと)に比(くら)べて背(せ)が高(たか)いです。

2 幸子(さちこ)さんは高子(たかこ)さんに比(くら)べて髪(かみ)が長(なが)いです。

3 高子(たかこ)さんは他(ほか)の人(ひと)に比(くら)べて顔(かお)が大(おお)きいです。

4 マルさんは他(ほか)の人(ひと)に比(くら)べて太(ふと)っています。

Reading Quiz answer ②

노다미 씨와 와인 바에 갔다 왔다. 다카하시 씨도 가자고 하려고 했는데, 다이어트 중이니까 둘이서 가기로 했다. 나는 레드 와인보다는 화이트 와인을 좋아하고, 가장 좋아하는 와인은 소비뇽 블랑이다.

UNIT 10 確かに大変そうです。

Dialogue 1

다카하시 요즘 외로워서……. 애완동물이라도 키울까?

노다미 애완동물은 귀엽지만, 보살피는 게 제법 힘들어요.

다카하시 분명히 힘들 것 같지만, 그래도 키우고 싶어요.
아, 맞다. 노다미 씨는 고양이를 키우고 있다고 했지요.
혹시 새끼 고양이를 낳으면 꼭 저에게…….

노다미 그건 좀……. 우리 고양이는 수컷이거든요.

Pattern Practice 1

A

1 カンナムさんは歌手(かしゅ)だそうです。

2 カンナムさんは韓国語(かんこくご)が上手(じょうず)だそうです。

3 カンナムさんは派手(はで)な服(ふく)が好(す)きだそうです。

4 サユリさんは仕事(しごと)ができるそうです。

5 サユリさんは恋人(こいびと)がいないそうです。

6 サユリさんはビールが好(す)きだそうです。

B

1 死(し)にそう

2 ぶつかりそう

3 忙(いそが)しそう

4 優(やさ)しそう

Listening Training

1 ⓓ　2 ⓐ　3 ⓒ　4 ⓑ

script

1 A そちらの天気(てんき)はどうですか。
　B 今(いま)にも雨(あめ)が降(ふ)りそうです。

2 A このケーキ、どうですか。
　B あら、おいしそう。

3 A 千秋(ちあき)さんは今日(きょう)も忙(いそが)しいですか。
　B 今日(きょう)は暇(ひま)そうです。

4 A どうしたんですか。
　B 暑(あつ)くて死(し)にそうです。

Dialogue 2

노다미 어머! 다카하시 씨, 무슨 일 있어요?
눈 밑에 다크서클이 생겼어요.

다카하시　요즘 잠을 잘 못 자서…….
노다미　불면증인가요? 무슨 고민이라도?
다카하시　실은 요즘 게임에 빠져 있어서, 어제도 밤늦게까지 게임을 하는 바람에.
노다미　게임 중독 같네요. 눈이 판다같이 됐어요.

Pattern Practice 2

A

1 帰(かえ)ったようです

2 好(す)きなようです

3 喜(よろこ)んでいるようです

B

1 彼女(かのじょ)は死(し)んだように眠(ねむ)っています。

2 父(ちち)は子供(こども)のようにゲームをしています。

3 アイフォーンは飛(と)ぶように売(う)れています。

C

1 最近(さいきん)、彼(かれ)と会(あ)えなくて…。忙(いそが)しいみたいです。

2 最近(さいきん)、娘(むすめ)が言(い)うことを聞(き)かなくて…。反抗期(はんこうき)みたいです。

3 最近(さいきん)、小(ちい)さい字(じ)が見(み)えなくて…。目(め)が悪(わる)くなったみたいです。

Listening Training

1 X　　2 X　　3 O　　4 O

script

1 あの二人(ふたり)はまるで兄弟(きょうだい)のように似(に)ている。

2 彼(かれ)は今日(きょう)、かなり疲(つか)れているみたいです。

3 多(おお)くの人(ひと)がアイドル歌手(かしゅ)にはまっているようです。

4 病気(びょうき)が嘘(うそ)みたいによくなってうれしいです。

Reading Quiz answer ①

요즘 왠지 외로워서 애완동물이라도 키워 볼까 생각하고 있다. 보살피는 것은 힘들 것 같지만, 그래도 키우고 싶다.
강아지와 고양이 둘 다 좋아하지만, 얌전한 고양이보다 활발하고 명랑한 강아지가 나와 궁합이 맞을 것 같다.

UNIT 11 料理のできる男がモテるらしい。

Dialogue 1

다카하시　치아키 씨는 요리를 잘한다면서요.
치아키　아뇨, 별거 아니에요.
다카하시　요새는 요리를 잘하는 남자가 인기가 있다고 해서, 저도 요리학원에 다녀 볼까 생각 중이에요.
치아키　그것도 좋을 것 같지만, 자기답게 사는 게 제일 아닐까요? 다카하시 씨는 남자다운 면이 매력이라고 생각하거든요.

Pattern Practice 1

A

1 結婚(けっこん)するらしい

2 面白(おもしろ)くないらしい

3 作(つく)るらしい

4 新宿(しんじゅく)らしい

5 有名(ゆうめい)らしい

6 難(むずか)しいらしい

B

1 子供(こども)らしい

2 女(おんな)らしい

3 病気(びょうき)らしい

Listening Training

1 O　　2 X　　3 O　　4 X

script

1 今年の春は寒くて春らしくない。

2 中国の男性はすごく料理がうまいらしいです。

3 優しくて男らしい男性が好きです。

4 サッカーの試合は土曜日の夜、放送するらしいです。

Dialogue 2

다카하시 여동생 결혼식이 있어서, 다음 주에 일본에 가요.
노다미 그것 참 축하해요. 여동생은 몇 살이에요?
다카하시 21살이에요. 아직 대학생인데,
아이가 생겨서 10월에 태어날 예정이에요.
노다미 속도위반 결혼이에요?
다카하시 맞아요. 내가 먼저 결혼할 생각이었는데, 여동생이 먼저 가서. 그래서 저도 올해 안에는 결혼할 작정이에요.
노다미 여자친구는 있어요?
다카하시 아뇨, 그게 아직…….

Pattern Practice 2

A

1 合コンする予定です

2 友達の結婚式に行く予定です

3 京都を旅行する予定です

4 3時に始まる予定です

5 帰ってくる予定です

B

1 A お盆に実家へ帰るんですか。
B はい、帰るつもりです。/
いいえ、帰らないつもりです。

2 A 新しい車を買うんですか。
B はい、買うつもりです。/
いいえ、買わないつもりです。

3 A 今夜の飲み会に参加するんですか。
B はい、参加するつもりです。/
いいえ、参加しないつもりです。

Listening Training

1 X 2 O 3 O 4 X

script

1 来年、イギリスへ留学に行く予定です。

2 日曜日の2時に野球の試合が始まる予定です。

3 ダイエットするので、ハンバーガーなどは食べないつもりです。

4 毎日、日記を書くつもりです。

Reading Quiz answer ①

다음 주에 여동생 결혼식이 있어서 일본에 간다.
여동생은 21살로 아직 대학생이지만, 아이가 생겨서 결혼하게 되었다. 아이는 10월에 태어날 예정이다. 귀여운 여자아이라면 좋을텐데. 나도 빨리 아이를 갖고 싶어졌다.

UNIT 12 時々恋人と誤解されるんです。

Dialogue 1

다카하시 앗, 이 사람 애인이에요?
노다미 아니요, 남동생이에요.
다카하시 남동생이군요. 사이가 좋은 것 같네요. 부러워요.
노다미 어렸을 때는 자주 싸워서 부모님에게 혼났는데,
지금은 사이가 좋아요. 종종 애인으로 오해를 받아요.
다카하시 남동생은 학생이에요?
노다미 네. 대학생인데, 지금은 군대에 가 있어요.

Pattern Practice 1

A

書かれる	壊される
踏まれる	助けられる
死なれる	聞かれる
叱られる	立たれる
行われる	来られる
使われる	反対される
呼ばれる	騒がれる

B

1 取られました

2 踏まれました

3 注意されました

4 怒られました

C

1 毎年、秋に運動会が開かれます。

2 市長には吉田さんが選ばれました。

3 今日から予約販売が開始されます。

Listening Training

1 呼ばれ	2 死なれ
3 叱られ	4 反対され

script

1 A 田中さん、部長が呼んでましたよ。

B あ、そうですか。すぐ行きます。

2 A 葉子さん、何かあったんですか。

B ペットのシロちゃんが死んじゃって、一晩中泣いてたの。

3 A 達也君、元気がないですね。何かあったんですか。

B ご飯も食べないでゲームをしてたから、少し叱ったんですよ。

4 A 由美ちゃん、いつ結婚するの？ 彼と５年も付き合ってるんでしょ。

B それがね、親がすごく反対してて。うまくいかないかも…。

Dialogue 2

치아키　노다미 씨도 화장을 지우면 누군지 알 수 없게 되나요?
노다미　그 정도는 아닌데, 역시 쌩얼로는 밖에 나갈 수 없어요.
다카하시　그럴 리가요. 맨얼굴도 예쁠 것 같은데요.
노다미　그렇게 말씀하시니 부끄럽네요.
치아키　다카하시 씨, 안경을 사는 게 좋지 않을까요?

Pattern Practice 2

A

1 降られ

2 ひかれ

3 泣かれ

B

1 先生、どう思われますか。

2 先生、昨日ソウルに戻られましたか。

3 先生、どこに行かれますか。

C

1 案じられ

2 感じられ

3 建てられ

Listening Training

1 買われ　　2 知られ
3 思い出され　　4 取られ

script

1 部長は先月、新しい車を買われたそうです。

2 このブランドは世界的によく知られています。

3 昔のことが懐かしく思い出されます。

4 地下鉄で泥棒に財布を取られました。

Reading Quiz answer ③

화장을 지우면 누구인지 알 수 없게 되는 정도는 아니지만, 역시 쌩얼로는 밖에 나갈 수 없다. 대학생 때 남자친구에게 맨얼굴을 보이고서 차인 트라우마가 있다.

UNIT 13 僕に行かせてください。

Dialogue 1

다카하시　들었어요? 기무라 씨, 해고되었대요.
노다미　아, 정말이요?
다카하시　부장님에게 '왜 야근을 시킵니까?'라고 말했대요.
노다미　그건 기무라 씨 말투가 나빴네요.
부장　아, 모두 여기에 있었군요. 누가 이것 좀 복사해 줘요.
노다미　부장님, 제가 갔다 올게요.
다카하시　아뇨, 제가 가게 해 주세요.

Pattern Practice 1

A

書かせる	覚えさせる
待たせる	聞かせる
喜ばせる	飲ませる
習わせる	心配させる
使わせる	来させる
遊ばせる	立たせる
話させる	泳がせる

B

1 A 何で野菜を食べさせるんですか。
B 健康にいいからです。

2 A 何で練習させるんですか。
B 試合があるからです。

3 A 何で塾に通わせるんですか。
B もうすぐ受験だからです。

C

1 休ませてください
2 発表させてください
3 使わせてください
4 聞かせてください

Listening Training

1 ○　2 X　3 ○　4 X

script

1 僕にコピーをとらせてください。

2 私に仕事をやらせてください。

3 車を使わせてください。

4 ここでバスケットボールの練習をさせてください。

Dialogue 2

노다미　남자는 첫사랑을 잊지 못한다고 하던데, 그런가요?
다카하시　그래요. 저도 그녀 때문에 눈물을 흘렸지만,
아직도 잊을 수가 없어요.

노다미	실은 어제 오랜만에 고등학교 동창에게 전화가 와서, 제가 첫사랑이었다는 고백을 들었어요.
다카하시	와~, 노다미 씨를 잊지 못해서 마침내 용기를 낸 거군요.
노다미	근데 그게……. 그 사람, 보험 회사에 다니고 있어서 보험에 가입하게 되었어요.

Pattern Practice 2

A

書(か)かせられる	覚(おぼ)えさせられる
待(ま)たせられる	食(た)べさせられる
飲(の)ませられる	辞(や)めさせられる
習(なら)わせられる	練習(れんしゅう)させられる
使(つか)わせられる	来(こ)させられる
喜(よろこ)ばせられる	立(た)たせられる
話(はな)させられる	行(い)かせられる

B

1 洗(あら)わせられます

2 食(た)べさせられます

3 練習(れんしゅう)させられます

C

1 私(わたし)、転勤(てんきん)させられるかもしれないの。

2 私(わたし)、大勢(おおぜい)の前(まえ)で歌(うた)わせられるかもしれないの。

3 私(わたし)、打(う)ち合(あ)わせに一人(ひとり)で行(い)かせられるかもしれないの。

Listening Training

1 ⓑ　2 ⓒ　3 ⓓ　4 ⓐ

script

1 友達(ともだち)に1時間(いちじかん)も待(ま)たせられました。

2 彼女(かのじょ)に高(たか)い服(ふく)を買(か)わせられました。

3 地方(ちほう)の事務所(じむしょ)へ転勤(てんきん)させられました。

4 今日(きょう)も残業(ざんぎょう)させられました。

Reading Quiz answer ①

오랜만에 고등학교 동창한테 전화가 왔다. 내가 그의 첫사랑이었다고 고백해서 깜짝 놀랐다. 나를 못 잊어서 고백했구나 하고 생각했는데, 실은 그 사람이 보험 회사에 다녀서 보험에 가입하게 되었다.

UNIT 14 しっかりしなさい。

Dialogue 1

어머니	벌써 시간 됐다. 일어나. 8시야.
노다미	아, 이런, 또 지각이다!
어머니	밥 먹어.
노다미	됐어요. 늦을 것 같아서.
어머니	밤늦게 자니까 아침에 못 일어나지. 이제 정신 좀 차려라. 오늘은 일찍 돌아와. 신지가 돌아오니까.

Pattern Practice 1

A

書(か)いて	書(か)きなさい
言(い)って	言(い)いなさい
飲(の)んで	飲(の)みなさい
待(ま)って	待(ま)ちなさい
起(お)きて	起(お)きなさい
呼(よ)んで	呼(よ)びなさい
して	しなさい
話(はな)して	話(はな)しなさい
帰(かえ)って	帰(かえ)りなさい
来(き)て	来(き)なさい

B

1 上(あ)げて

2 見(み)て

3 頑張(がんば)って

C

1 寝(ね)なさい

2 しなさい

3 書(か)きなさい

4 帰(かえ)りなさい

Listening Training

1 ⓓ　2 ⓐ　3 ⓒ　4 ⓑ

script

1 A こんな時間(じかん)に何(なに)してんの？ 早(はや)く寝(ね)なさい。
　B ちょっとこれだけ見(み)て寝(ね)るから。

2 A このケーキ、おいしそうね。
　B うん、食(た)べてみて。

3 A ねえねえ、これ見(み)て。クリスマスツリーよ。
　B まだ11月(じゅういちがつ)なのに、もう作(つく)ってるんだ。

4 A これ、何(なに)よ。ちょっと部屋(へや)片付(かたづ)けなさい。
　B はーい。

Dialogue 2

노다미　어머, 신지야. 잘 지냈어?
신지　응, 잘 지냈어. 누나도 잘 지낸 것 같네.
노다미　하하. 요새 좀 살이 쪘나? 군대 생활은 어때?
신지　음~, 상관이 좀 엄해서…. 전에는 '해도 돼'라고 했던 것을 나중에 '하지 마'라고 말하곤 하니까, 비위를 맞추기 힘들어.
노다미　역시 군대 생활은 힘든 것 같구나.
신지　아니, 그래도 그 상관 이외엔 모두 좋은 사람이야. 너무 걱정하지 마. 괜찮으니까.

Pattern Practice 2

A

書(か)かないで	書(か)くな
笑(わら)わないで	笑(わら)うな
飲(の)まないで	飲(の)むな
立(た)たないで	立(た)つな
寝(ね)ないで	寝(ね)るな
呼(よ)ばないで	呼(よ)ぶな
しないで	するな
話(はな)さないで	話(はな)すな
帰(かえ)らないで	帰(かえ)るな
来(こ)ないで	来(く)るな

B

1 するな　2 辞(や)めるな

3 しゃべるな

C

1 遊(あそ)ばないで　2 吸(す)わないで

3 忘(わす)れないで　4 とめないで

Listening Training

1 話(はな)し　2 あきらめ
3 見(み)　4 運動(うんどう)し

script

1 あまり大(おお)きい声(こえ)で話(はな)すな。

2 夢(ゆめ)をあきらめるな。

3 人(ひと)の日記(にっき)を見(み)るな。

4 熱(ねつ)があるから、今日(きょう)は運動(うんどう)するな。

Reading Quiz answer ①

군대에 있는 신지가 휴가를 받아 집에 돌아왔다. 군대 상관이 제법 엄해서, 전에는 '해도 돼'라고 했던 것을 나중에 '하지 마'라고 말하곤 한다고 한다. 신지는 괜찮다고 말했지만, 역시 군대 생활은 힘든 것 같다.

UNIT 15 母からもらった指輪です。

Dialogue 1

노다미 다카하시 씨 휴대폰 줄, 귀엽네요.
다카하시 일본에 있을 때 산 건데, 마음에 든다면 드릴게요.
노다미 아, 정말 주는 거예요? 고마워요.
다카하시 앗, 그거 커플링 아니에요? 남자친구 생겼어요?
노다미 아뇨, 이건 어머니한테 받은 반지예요.

Pattern Practice 1

A

1 くれた　　2 もらいました
3 かばん　　4 ノ・ダミ
5 カオル　　6 本(ほん)
7 あげました

B

1 が　　2 に
3 に 또는 から　　4 が

Listening Training

1 指輪(ゆびわ)　　2 千秋先輩(ちあきせんぱい)
3 CD(シーディー)　　4 父(ちち) / ゲーム機(き)

script

1 A あれ、きれいな指輪(ゆびわ)だね。ペアリング？
B いえ、実(じつ)は母(はは)がくれたものなんです。

2 A このチョコレート、誰(だれ)にあげるつもり？もしかして僕(ぼく)に？
B じゃなくて、千秋先輩(ちあきせんぱい)にあげるんです。

3 A それ、新(あたら)しいCD(シーディー)じゃない？買(か)ったの？
B いや、誕生日(たんじょうび)プレゼントに友達(ともだち)からもらったんだ。

4 A 卒業記念(そつぎょうきねん)に父(ちち)から新(あたら)しいゲーム機(き)もらったの。
B わあ、うらやましい。

Dialogue 2

치아키 오늘 경기 최고였어요!
다카하시 역시 역전승은 기분이 좋군요.
노다미 야구장에 데려와 주셔서 좋았어요!
야구 규칙은 아직 잘 모르지만, 치아키 씨가 해설해 준 덕분에 그럭저럭 이해할 수 있었어요.
치아키 그거 다행이네요.
다카하시 또 같이 와요. 이번엔 제가 해설해 드릴게요.
노다미 네, 또 데려와 주세요.

Pattern Practice 2

A

1 都合(つごう)が悪(わる)いなら、代(か)わりに行(い)ってあげましょうか。

2 字(じ)が読(よ)みづらいなら、読(よ)んであげましょうか。

3 直接言(ちょくせつい)えないなら、伝(つた)えてあげましょうか。

4 うまくできないなら、仕事(しごと)を手伝(てつだ)ってあげましょうか。

5 頭(あたま)が痛(いた)いなら、薬(くすり)を買(か)ってあげましょうか。

B

1 修二(しゅうじ)さん、一緒(いっしょ)に来(き)てくれて、感謝(かんしゃ)してます。

2 千秋さん、引っ越しを手伝ってくれて、感謝してます。

3 吉田さん、作文を直してくれて、感謝してます。

C

1 お母さんにお弁当を作ってもらいました。

2 お隣さんに宅配を預かってもらいました。

D

1 くれます

2 もらいました

3 あげました

4 あげました

Listening Training

1 ○　2 X　3 ○　4 X

script

1 僕は姉に素敵なスカーフを買ってあげました。

2 千秋さんが私に辞書を貸してくれました。

3 私は吉田さんに日本料理の作り方を教えてもらいました。

4 電車の中で学生に席をゆずってもらいました。

Reading Quiz　answer ①

처음 야구를 보러 갔다 왔다. 역시 역전승은 기분이 좋다. 야구장에 데려가 줘서 좋았다고 생각한다. 야구 규칙은 잘 모르지만, 치아키 씨가 해설해 준 덕분에 그럭저럭 이해할 수 있었다. 또 같이 야구를 보러 가기로 했다.

UNIT 16 少々お待ちください。

Dialogue 1

노다미　저기요, 이거 조금 큰 사이즈 있나요?

점원　확인해 볼테니 여기 앉아서 잠시 기다려 주십시오.
(잠시 후)

점원　손님, 오래 기다리셨습니다.
죄송하지만, 이 디자인의 큰 사이즈는 지금 다 나갔어요.

노다미　아, 그래요? 알겠습니다. 고마워요.

Pattern Practice 1

A

1 A 社長、飛行機は何時にお乗りになりますか。
B 7時に乗る予定だ。

2 A 社長、明日は何時にお出かけになりますか。
B 7時に出かける予定だ。

B

1 お待ちください

2 お書きください

3 ご利用ください

4 ご注意ください

C

1 お持ちします

2 お撮りします

3 ご紹介いたします

4 ご報告いたします

Listening Training

1 ⓑ　2 ⓒ　3 ⓓ　4 ⓐ

script

1 おばあさんは今(いま)、新聞(しんぶん)をお読(よ)みになっています。

2 社長(しゃちょう)は今(いま)、家(うち)へお帰(かえ)りになっています。

3 A 何名(なんめい)さまですか。

B 二人(ふたり)です。

A すぐお席(せき)にご案内(あんない)いたします。少々(しょうしょう)お待(ま)ちください。

4 先生(せんせい)は今(いま)、何(なに)かをお書(か)きになっています。

Dialogue 2

세키구치 네, 일본전산 영업부입니다.

치아키 다나카상사의 치아키인데요, 야마다 과장님 계세요?

세키구치 아, 치아키 씨. 늘 신세지고 있습니다.
공교롭게도 야마다는 자리를 비우고 있습니다.
돌아오면 이쪽에서 다시 전화하도록 전할까요?

치아키 그래요? 그럼 잘 부탁드립니다. 그럼, 실례하겠습니다.

Pattern Practice 2

A

1 参(まい)り / いらっしゃい

2 いただき / 召(め)し上(あ)がり

3 存(ぞん)じ / ご存(ぞん)じ

4 拝見(はいけん)し / ご覧(らん)になり

5 申(もう)し / おっしゃい

B

1 少(すこ)し待(ま)ってくださいますか。

2 パーティーにいらっしゃいますか。

3 ゴルフをなさいますか。 또는
ゴルフをされますか。

Listening Training

1 X 2 O 3 X 4 O

script

1 A 部長(ぶちょう)は今(いま)、お宅(たく)にいらっしゃいますか。

B すみません。おりませんが。

2 A 先生(せんせい)はお昼(ひる)に何(なに)を召(め)し上(あ)がりましたか。

B てんぷら定食(ていしょく)だけど。君(きみ)は食(た)べたの？

3 A 先生(せんせい)のことはよく存(ぞん)じております。

B それはどうも。

4 A 社長(しゃちょう)、このミュージカルご覧(らん)になりましたか。

B いや、まだだね。

Reading Quiz answer ②

① 지금 거신 전화는 전파가 닿지 않는 곳에 있거나 전원이 꺼져 있어 연결이 되지 않습니다.

② 지금 거신 전화번호는 현재 사용되지 않고 있습니다. 죄송하지만, 번호를 확인하시고 다시 걸어 주십시오.

③ 지금 거신 전화는 고객님의 사정에 의해 통화를 할 수 없게 되어 있습니다.

부록 01

동사의 활용

종류	기본형	ます형	て형
1그룹 동사 (5단 동사)	分(わか)かる 이해하다	分(わ)かります	分(わ)かって
	作(つく)る 만들다	作(つく)ります	作(つく)って
	乗(の)る 타다	乗(の)ります	乗(の)って
	会(あ)う 만나다	会(あ)います	会(あ)って
	行(い)く 가다	行(い)きます	行(い)って
	脱(ぬ)ぐ 벗다	脱(ぬ)ぎます	脱(ぬ)いで
	話(はな)す 이야기하다	話(はな)します	話(はな)して
	待(ま)つ 기다리다	待(ま)ちます	待(ま)って
	死(し)ぬ 죽다	死(し)にます	死(し)んで
	呼(よ)ぶ 부르다	呼(よ)びます	呼(よ)んで
	飲(の)む 마시다	飲(の)みます	飲(の)んで
	切(き)る 자르다	切(き)ります	切(き)って
	帰(かえ)る 돌아가다	帰(かえ)ります	帰(かえ)って
2그룹 동사 (1단 동사)	見(み)る 보다	見(み)ます	見(み)て
	食(た)べる 먹다	食(た)べます	食(た)べて
3그룹 동사 (불규칙 동사)	来(く)る 오다	来(き)ます	来(き)て
	する 하다	します	して

た형	ない형	가능형	의지형
分(わ)かった	分(わ)からない	分(わ)かれる	分(わ)かろう
作(つく)った	作(つく)らない	作(つく)れる	作(つく)ろう
乗(の)った	乗(の)らない	乗(の)れる	乗(の)ろう
会(あ)った	会(あ)わない	会(あ)える	会(あ)おう
行(い)った	行(い)かない	行(い)ける	行(い)こう
脱(ぬ)いだ	脱(ぬ)がない	脱(ぬ)げる	脱(ぬ)ごう
話(はな)した	話(はな)さない	話(はな)せる	話(はな)そう
待(ま)った	待(ま)たない	待(ま)てる	待(ま)とう
死(し)んだ	死(し)なない	死(し)ねる	死(し)のう
呼(よ)んだ	呼(よ)ばない	呼(よ)べる	呼(よ)ぼう
飲(の)んだ	飲(の)まない	飲(の)める	飲(の)もう
切(き)った	切(き)らない	切(き)れる	切(き)ろう
帰(かえ)った	帰(かえ)らない	帰(かえ)れる	帰(かえ)ろう
見(み)た	見(み)ない	見(み)られる	見(み)よう
食(た)べた	食(た)べない	食(た)べられる	食(た)べよう
来(き)た	来(こ)ない	来(こ)られる	来(こ)よう
した	しない	できる	しよう

부록

02 특수한 존경어와 겸양어

	존경어	겸양어
する 하다	される / なさる	いたす
くれる 주다	くださる	
いる 있다	いらっしゃる	おる
言う 말하다	おっしゃる	申す
見る 보다	ご覧になる	拝見する
行く・来る 가다	いらっしゃる	参る
会う 만나다		お目にかかる
知っている 알고 있다	ご存じだ	存じておる
食べる 먹다	召し上がる	いただく

★ 존경 표현

先生がおっしゃった通りです。… 先生が言った通りです。

ご覧になってください。… 見てください。

たくさん召し上がってください。… たくさん食べてください。

★ 겸양 표현

分かっております。… 分かっています。

一度お目にかかりたいんですが。… 一度会いたいんですが。

もちろん存じております。… もちろん知っています。

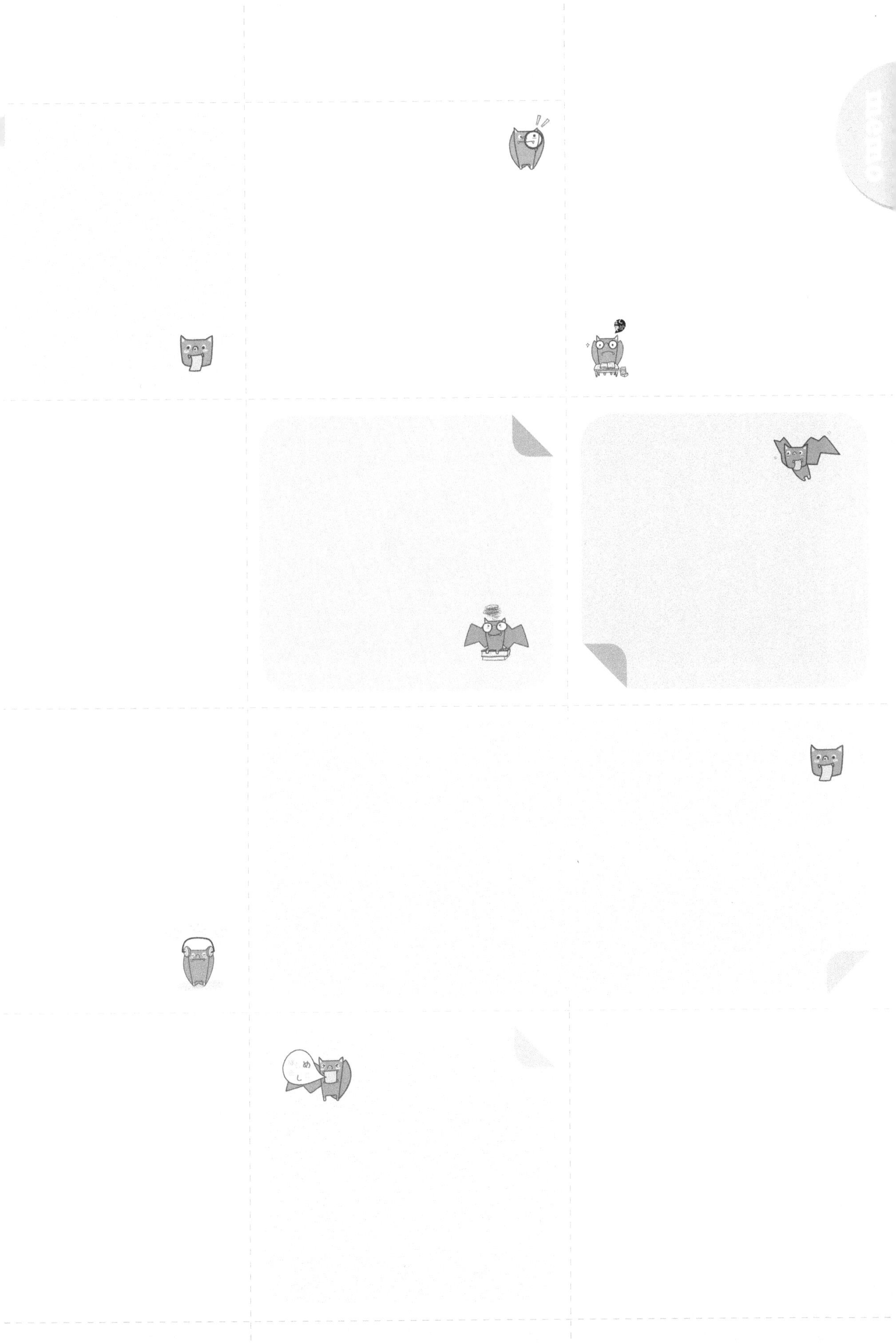
memo

はじめまして